그리움이 사무치면 병이 되는 것처럼

우리 내면의 불길에 대한 이야기

　이야기가 마음을 다스리는 용도라면 그 이야기는 그대로 마음으로 남는다. 때로 그 마음은 슬픔과 기쁨, 즐거움과 서러움, 어떤 회한이 되어서는, 말하는 이의 목구멍에서 폭발하여 한 인간의 자리를 모두 태워버리기도 한다. 우리는 그런 류의 재난을 자주 목격한다. 어떤 시간이 모든 것을 태워버린 곳에서 피어오르는 몇 줄 연기로부터 녹음에 가려졌던 이 세계의 앙상한 전모가 뜨겁게 드러나는 광경 말이다. 여기 있는 이 이야기들이 그렇다. 말하자면 우리 내면의 불길에 대한 이야기. 마치 긴 시간의 기름 속에 꽂힌 심지처럼 그 불은 검은 바닥을 보여주지 않는다. 우리는 그 불을 끄지도 않을 것이며 끌 생각도 없다. 그 마음의 타오름. 그것이 이쪽과 동시에 저쪽을 여는 환한 문이기 때문이다. 과거와 미래, 삶과 죽음, 그리고 한 인생에서 다른 인생으로 활짝 열리는 문 말이다.

신용목
시인, 조선대학교 문예창작학과 교수

생의 시간을 지나오며 둥글어진 마음

추천사

　휴가차 몽돌해변에 간 적이 있습니다. 고운 모래밭이 아니라 둥근 자갈돌들이어서 맨발로 걷다 보면 발바닥이 욱신거리기도 하지만 나름 재미있는 경험이었습니다. 둥글고 매끄러운 작은 자갈돌을 보며 궁금함이 드는 건 얼마나 많은 시간을 보내며 저렇게 둥글어졌을까 입니다. 사람의 시간보다 훨씬 긴 시간을 보내며 둥글어졌겠지요. 만약 저 돌에게도 영혼과 감각이 있다면 얼마나 아팠을까요. 폭풍우에 거침없이 쏟아지는 시냇물을 지나 도도한 강물을 거치며 다른 돌들과 부대끼며 제 몸이 깎여 나가는 것도 모르고 흘러왔을 것만 같습니다. 사람도 어린 시절엔 잘 모르고 지나가지만 삶을 살아가다 보면 누구나 아프고 모나고 날카롭거나 힘들었던 순간들이 있게 마련입니다. 그런 시간들을 지나며 얼마나 둥글고 너그러워졌는가가 작은 자갈돌이 사람에게 주는 의미 아닐까 생각합니다. 저도 교수이자 작가로서 전국의 시장에서 장사를 하시는 분들의 이야기를 취재하고 글과 그림으로 월간지에 연재한 적이 있습니다. 당시 든 생각은 모든 이는 저마다의 드라마를 가지고 있다는 것입니다. 특히 연세가 많을수록 더 많은 드라마를 갖고 계십니다. 희로애락마저도 마침내 둥글둥글 둥글어지는 드라마. 이 책에 실린 어르신들의 이야기 속에는 생의 시간을 지나오시며 둥글어진 마음이 전해집니다. 그래서인지 둥근 모양을 떠올리면 기분이 좋아집니다. 둥근 밥, 둥근 빵, 둥근 말, 둥근 달, 둥근 미소, 둥근 생각, 둥근 마음. 이번 동구 어르신들의 소중한 이야기에 부족한 저희 제자들이 그림으로 함께할 수 있어 기쁩니다. 특히 어르신 자서전 사업을 기획한 광주광역시 동구청 관계자 여러분과 용기 있게 펜을 드신 어르신 그리고 참여하신 모든 분께 큰 박수를 보냅니다. 부디 여러분의 마음이 더욱 둥글어지고 부드러워지는 시간이 되셨길 바랍니다.

황중환
조선대학교 미술체육대학 만화애니메이션학과 교수(만화가)

차례

추천사 • 4

 곽주현 이야기 • 11

 오화자 이야기 • 53

 박복례 이야기 • 83

 이향연 이야기 • 115

 윤수웅 이야기 • 145

 김경수 이야기 • 181

 이태숙 이야기 • 211

 이경남 이야기 • 253

글쓰기 멘토 후기 • 297

곽주현 郭周鉉 이야기

나는 나주에서 한국 전쟁 직전인
1949년 1월 14일(음력)에
태어났습니다.

손주를 돌보고 농사를 짓습니다.
요즈음 늦깎이 수필 공부에도
도전하여 바쁘게 살고 있습니다.

가족들에게 보내는 한마디

모두 화목한 가정에서 건강하게 자기 일에 최선을 다하고 있어 늘 자랑스럽다.

내 인생의 키워드

1톤의 생각보다 1그램의 실천, 모든 것은 지나간다.

생애 첫 기억, 시대의 소리

그때 나는 다섯 살이었다. 나와 어머니는 광주 시내를 걸어가고 있었다. 어머니는 동생을 업은 채 내 손을 잡고 머리엔 큰 보따리까지 이고 있었다. 나는 어머니 보폭에 맞추려고 뛰듯이 따라갔다. 앞에 펼쳐진 거리가 깨끗하게 포장되어 있어서 무척 신기했다. '어떻게 길이 이렇게 시멘트로 덮여 있지?' 고무신을 벗고 걸어도 될 것 같다는 생각이 들었다. 양쪽으로 높은 건물이 줄지어 있어 하늘이 조그맣게 보였다. 많은 사람이 바쁘게 오갔고, 가게마다 물건이 가득 진열되어 있어 눈이 휘둥그레졌다. 그렇게 주변을 구경하며 엄마의 손에 이끌려 가고 있는데 갑자기 귀청이 찢어질 듯한 소리가 들렸다. 나는 너무 놀라서 손을 놓고 그 자리에 멈춰 섰다.

마치 천둥이 바로 앞에서 치는 것 같았다. 나는 어머니 치마폭을 꽉 잡았다.

"왜 그래? 아, '오' 소리 때문에 그렇구나. 가까이 있으면 이렇게 크게 들린단다. 점심때가 된 것 같구나. 아버지와 같이 밥 먹으려면 빨리 가야겠다."

그러나 나는 붙박이가 되었다. 사람들은 아무렇지 않은 듯 내 옆을 빠르게 지나쳤다. 어머니가 괜찮다며 손을 잡고 끌어서 나는 정신을 차리고 다시 걷기 시작했다.

시계가 있던 집이 드물었던 시절이라 사람들은 매일

곽주현

© 김리원

정오마다 울리는 사이렌을 통해 시간을 알았다. 우리는 그것을 '오'라고 불렀다. 그 소리가 내 고향에서는 끊어질 듯 말 듯 약하게 들렸다. 그래서 당시에는 어머니의 설명이 이해되지 않았다. 초등학교에 다니면서 소리와 거리의 관계를 배운 뒤, 둘이 같은 소리라는 것을 이해했다. 그러나 지금도 광주 시내에서 들었던 '오' 소리가 두려웠던 기억은 생생하다.

    병원에 도착한 우리는 병환이 깊어 2년 가까이 입원해 있던 아버지를 만났다. 나와 동생이 아버지를 보고 싶다고 해서 어머니가 데리고 온 것이었다. 우리가 도착하자 아버지는 힘들게 일어나 앉았다. 내게 가까이 오라고 하더니 당신 무릎에 앉히곤 꼭 안아 주면서 "많이 컸다. 많이 컸다."라는 말을 몇 번이고 반복했다. 숨이 막혀서 답답했지만, 아버지의 품이 따뜻해서 좋았다. 포옹이 끝나자 눈을 들어 아버지의 얼굴을 찬찬히 봤다. 거무죽죽하게 부은 아버지의 얼굴이 조금 무서운 느낌이 들어 얼른 무릎에서 내려왔다. 아버지가 입원한 곳은 '광주 신외과병원'이라 했다. 그때 신외과라는 이름을 하도 많이 들어서 지금도 외우고 있다. 시내 한복판에 있었던 것으로 기억한다.

    그 병원에 부엌과 아궁이가 있었다. 우리가 도착한 후 얼마 지나지 않아 땔감 장수가 와서 나뭇단을 내려놓았고,

어머니는 병원 아궁이에 불을 지폈다. 밤이 되자 어른들이
긴 이야기를 나누었다. 우리보다 먼저 와서 아버지를
간호하고 있던 할머니도 함께였다. 나는 누군가의 무릎에
누워 잠이 들락 말락 하다가 눈을 번쩍 떴다. 언젠가
병원에 귀신이 나온다는 얘기를 들은 탓이었다. 자정이
되면 시체가 보관된 영안실 문이 드르륵드르륵 여닫히고,
자동차 시동이 걸리는 소리가 부르릉부르릉 들린다고 했다.
나는 귀신이 무서워서 벌벌 떨었다.

    아버지는 부지런하고 건강한 분이었다. 고을 씨름 대회에
출전해서 간간이 송아지를 타 올 만큼 힘이 장사였다.
농사를 지으려고 기른 소들이 새끼를 낳아 수가 많아지면
나주나 광주에 팔러 다니곤 했다.
    한국 전쟁이 끝나갈 무렵이었다. 빨치산이 각 지역에
나타나 혼란이 극에 달해 있었다. 어느 날 읍내 시장에
갔다가 귀가가 늦어진 아버지는 밤에 고개를 넘다
경찰에게 붙잡혔다. 경찰들은 아버지를 북한 연락책이라
의심했고, 아버지가 어떤 말을 해도 믿어 주지 않았다.
아버지는 몽둥이로 인정사정없이 두들겨 맞고 며칠간
어딘지 모를 곳에 갇혀 있었다. 그곳에는 여러 사람이
잡혀 와 있었다고 한다. 아버지는 밤중에 깊은 산속으로
끌려가다가 빈틈을 타 도망쳤다. 방향도 모른 채 무작정
뛰는데 멀리서 총소리가 여러 번 들렸고, 얼마 후 통행금지

곽주현

해제 사이렌이 울리더란다. 아버지는 겨우겨우 집에 돌아올 수 있었으나 그 후유증으로 골병이 들어 자리에 누웠다.

   우리가 신외과병원을 방문하고 몇 달 뒤 아버지는 퇴원했다. 더는 치료할 수 없을 정도로 병이 깊어졌기 때문이었다. 이제 아버지의 몸은 누군가 대소변을 받아 줘야 할 만큼 움직이기 힘든 상태였다. 나는 마당에서 놀다가도 아버지의 앓는 소리가 들리면 대문 밖으로 나가곤 했다. 어른들이 그렇게 멀리 떨어져 있으라고 말했다. 그러다 아버지의 지긋지긋한 고통이 끝났다. 그때 아버지는 마흔의 젊은 나이였고 어머니는 서른넷의 청춘이었다. 외할머니가 태어난 지 두이레가 지난 막냇동생을 안고 나와 아버지의 시신이 안치된 관 앞에서 "이 애를 어쩌라고 그렇게 가 버리냐?"라며 통곡하던 모습이 눈에 선하다.
   어른들이 왜 저토록 슬퍼하는지 알 수는 없었지만 나도 따라서 울었다. 장례 준비로 다들 바쁘게 움직이는 동안 나는 집 앞 논에서 친구들과 놀았다. 외갓집 머슴이었던 삼용이가 지게를 지고 가기에 "떡은 언제 만들어 와?"하고 물었더니 "이놈아, 지금 떡이 문제냐?"라며 화를 냈다. 늘 나를 예뻐해 주던 그가 갑작스레 화를 내서 시무룩했다. 상여가 나가던 날 삼용이는 장남인 나를 그 위에 태웠다.

나는 떨어질까 무서워 앞 상두꾼의 머리를 꽉 잡았다. 높은 곳에서 바라보니 마을 사람들이 고개를 숙인 채 소매 끝으로 눈물을 훔치고 있었다.

장지에 도착했다. 음력 춘삼월이라 산비탈 여기저기에 진달래가 피어 있었다. 날씨도 맑고 따뜻했다. 꽃을 몇 송이 꺾고 있는데 누군가 나를 불렀다. 그는 미리 파 둔 땅속에 관을 내리고 흙 한 줌을 내 손에 쥐어 주었다. 그러곤 내게 먼저 뿌리라 했다. 다른 사람들의 삽질이 바빠지고 널이 거의 덮일 무렵 멀리서 '오' 소리가 들렸다.

그 시절 기억들을 제대로 이해하게 되기까지 시간이 필요했다. 내게 사이렌 소리는 이념에 따라 사람을 죽이던 시대의 공포와 아버지를 잃은 허망함을 환기시킨다. 그래서 지금도 나는 사이렌 소리를 들으면 깜짝 놀라고 몸이 굳어진다.

유년기, 주름진 기억들

아버지가 돌아가신 후 우리 가정은 빚에 짓눌렸다. 한국 전쟁의 영향으로 온 나라가 어수선했던 와중에 부친이 3년을 앓다 유명을 달리했으니 이중 삼중으로 어려움을 겪었다. 아버지의 투병으로 인한 병원비를 감당하기 위해 끌어다 쓴 사채뿐만 아니라 세무서 같은 기관에 진 빚도 많아 집안 형편이 말이 아니었다. 어느 해에는 재산이 압류되어 아무것도 할 수 없었다. 어머니는 집안일을 하다가도 세무서 직원들이 마을에 나타나면 다른 집으로 몸을 숨겼다.

근면했던 아버지가 피땀으로 얻은 논밭을 헐값에 넘겨야 했다. 그래도 빚이 많이 남아 연말이 되면 잠을 못 이루는 어머니의 잦은 한숨 소리가 긴 밤을 덮었다. 언젠가 어머니가 나와 동생의 손을 잡고 여유 있는 집을 찾아가 이 아이들을 굶어 죽게 할 수 없다며 사정한 적도 있었다. 그 일이 어린 나이에도 참 서러웠다.

가을에 벼를 타작해서 여기저기 진 빚을 나눠 갚고 나면 남은 게 없어 다음 춘궁기에는 새꺼리(장리)를 받아 써야 했다. 새꺼리란 부잣집에서 벼나 쌀을 꾸어다 먹고 가을이 되면 두 배로 갚는 거래를 뜻하는 말이다. 어떤 해는 그것도 얻기 어려워 벼 두 가마니를 빌려 다섯 가마니로 갚아야 했다. 매우 불공정한 거래였지만, 그때는 이를 제재할 수 있는 법도 없었고 모두가 당연하게 여겼다.

어머니는 이런 조건에서 배우자 없이 가정을 이끌어야 했다. 농사는 결코 쉬운 일이 아니었다. 5남매 중 첫째, 둘째였던 두 누나가 어머니를 보조하여 일을 참 많이 했다. 나보다 여덟 살 많은 큰누나는 집안일을 전담하다시피 했다. 식사 준비는 물론 빨래, 청소, 육아 등을 도맡았다.

작은누나도 큰누나를 도와 집안일을 했지만, 어머니의 농사일에 주로 힘을 보탰다. 그 아래 장남인 내가 있었는데, 그때까지만 해도 나는 잔병치레로 늘 아팠다. 넷째는 아직 어려 보살핌이 필요했고 막냇동생은 업어 키워야 할 갓난아기였다.

큰누나는 초등학교에 다니지 못할 뻔했다. 학교에 다니는 친구들이 부러워 날마다 어머니에게 학교를 보내 달라고 졸랐지만, 어머니는 집안일을 도와야 한다며 매번 내쳤다. 어느 날 이장 어른이 자기 딸과 함께 큰누나를 학교로 데려가 입학시켜 주었지만, 큰누나는 나이가 많다는 이유로 2학년에 편입되었다. 기역도 모르는 상태로 2학년이 되었으니 졸업할 때까지 수업을 따라갈 수 없었다.

작은누나는 힘이 좋아서 집안일뿐만 아니라 농사의 귀한 일손이었다. 일 욕심이 있어 논이나 밭에 나가면 해가 지고 주위가 캄캄해질 때까지 일을 멈추지 않았다. 그러던 어느 날 작은누나는 갑자기 새벽 열차를 타고 서울로 떠났다. 계속 이렇게 가난하게 살 수는 없으니 서울에 있는 공장에 취직해 돈을 벌어 오겠다는 말만 남겼다. 그때 작은누나가 열여덟 살이었고 나는 열두 살이었다. 어머니는 그날 저녁에야 딸이 먼 곳으로 가 버렸다는 사실을 알고선 무척 서운해했다. 작은누나는 이후 수년 동안 명절에도 집에 오지 않았다. 아마 교통비를 아끼려 쓸쓸한 타향에서 버텼던 것 같다. 작은누나는 그렇게 모은 돈으로 가끔 내게 현대 문학 전집 같은 책을 보냈다. 그 책들을 반복해서 읽었던 기억이 난다.

 이처럼 온 가족이 계절과 밤낮을 가리지 않고 일했으나 살림은 좀처럼 나아지지 않았다. 곡식이 나지 않는 겨울에는 세 끼니를 다 챙기기 어려워 늦은 아침과 저녁에만 밥을 먹었다. 여름에는 수제비 죽만 먹었다. 논에 밀을 심는 이모작을 해서 밀가루가 많았기 때문이었다. 그때 밀은 인기가 없어 돈이 안 되는 곡식이었다.

 추수가 끝난 늦가을에는 베틀이 안방에 놓였다. 긴긴 겨울밤 덜커덩덜커덩 베 짜는 소리에 눈을 뜨면 호롱불과 함께 베틀 위에 앉아 있는 어머니의 모습이 흐릿하게 보였다. 내가 "엄마, 잠 안 자?"라고 물으면 어머니는 "어서 더 자라."라며 두꺼운 솜이불 위로 토닥거려 주었다. 어머니의 베틀 소리는 새벽녘이 되어서야 멈췄다.

 유년기에 나는 자주 아팠다. 조금만 뛰어놀아도 몸살이 났고 환절기에는 자주 감기에 걸렸다. 찬바람을 맞으면 온몸에 콩알 같은 두드러기가 돋곤 했는데 가려워서 괴로웠다. 그러면 어머니는 나를 뒷간으로 데려가 마른 쑥에 불을 피워 연기를 쬐게 하고 소금으로 두드러기를 문질러 주었다. 그러면 일시적으로 가려움증이 나아졌다. 오한이 들어 이불을 덮어쓰고 지내는 시간도 많았다. 이가 아파 병원에 가서 뺐는데 피고름이 많이 나와서 의사가 놀랐던 일, 머리에 기계독이 옮아 양잿물을 바르다가 피부가 손상돼 큰 흉터가 생긴 일 등 지긋지긋하게 아픔이 따라다녔다. 어머니는 그런 나 때문에 가슴앓이했을 것이다.

　이러니 아홉 살이 되어서야 초등학교에 겨우 입학할 수 있었다. 그래도 공부를 곧잘 해서 학년말이면 우등상을 타 오곤 했다. 4학년 때였을까? 여름 방학이 시작되는 날 성적표를 들고 어머니가 김매고 있는 밭으로 갔다. '수', '우'로 채워진 성적표를 훑어본 어머니는 잘했다며 나를 꼭 안아 주고는 먼 하늘을 바라봤다. 먼저 하늘로 떠난 아버지에게 속으로 참 많은 이야기를 했을 것이다. 어머니의 눈가가 촉촉해지는 것을 보았다.

　나는 말이 없고 수줍은 아이였다. 운동을 싫어했고 아이들이 즐겨 했던 딱지치기, 자치기 등의 놀이에도 서툴렀다. 마을이 영산강 옆에 있어서 여름이면 아이들은 강가에서 살다시피 했다. 그래서 친구들은 누가 가르쳐 주지 않아도 물고기처럼 헤엄을 잘 쳤다. 반면에 나는 수영을 못해서 둑에 앉아 남들이 노는 모습을 지켜볼 때가 많았다.

　어머니는 내가 어렸을 적부터 무슨 일이든 포기하지 말고 계속해 보라고 말씀하셨다. 내가 무언가를 힘들어할 때마다 거듭 시도하면 결국 실력이 느는 법이라며

곽주현

타일렀다. 이런 가르침이 힘이 되었다. 할 줄 몰랐던 수영도 열심히 연습해서 점차 잘하게 되었다. 또한 몇 년에 걸쳐 농사일도 터득했다. 논밭에 씨를 뿌리고 가꾸어 거두기까지의 과정을 잘 알게 되었다. 낫이나 쟁기 등 농기구를 다루는 데에도 능숙해졌다.

    4학년 때 추수한 벼를 지게에 짊어지고 날랐던 일은 지금까지 기억할 정도로 힘들었다. 논에서 집까지는 1킬로미터가 넘는 거리였고 벼를 훑기 전이라 지게의 무게도 상당했기에 보통은 성인 남자들이 도맡아 하던 일이었다. 그날은 비가 올 것 같아서 나도 거들어야 했는데 내게 주어진 몫은 벼 네 묶음이었다. 두 묶음째 나를 때부터 어깨가 무너질 것처럼 아프고 힘들었다. 남은 절반은 울면서 겨우 해냈다.

    형편이 좀 핀 후에는 우리 집으로 이웃들이 자주 들락거렸다. 어머니가 음식이 있으면 주변 사람들과 나누기를 좋아해서 호박죽 수제비를 잔뜩 만들어 이웃들과 먹었다. 한여름 밤에는 다 같이 생풀을 뜯어 마당 가운데에 모닥불을 피워 놓고 평상에 둘러앉아 옥수수를 먹곤 했다. 벌레가 갉아 먹어 팔지 못한 것들이었다. 추석, 설 같은 명절이 돌아오면 우리 집 마당엔 긴 줄이 생겼다. 동네에서 유일하게 우리 집만 목욕탕이 있었기 때문이다. 마을 사람 대부분이 거기서 몸을 씻었다.

이런 가정환경에서 병약하게 자랐던 나는 친구들보다 빨리 철들었다. 그래서인지 어른들끼리 하는 이야기를 잘 알아들었다. 5학년쯤의 어느 봄날, 어머니를 찾아 앞집에 간 적이 있었다. 마당을 가로지르는데 안에서 모르는 남자 목소리와 함께 웃음소리가 들렸다. 앞집 아주머니가 엄마에게 남편 없이 지내며 고생하느니 같이 살아 보라며 남자를 소개하는 중이었다. 어찌나 슬프고 서럽던지 하염없이 눈물이 흘렀다. 나는 무슨 대화가 오가는지 최대한 들어 보려고 했다. 울음소리가 나지 않도록 입을 손으로 막고서 귀를 기울였지만, 역시 견딜 수 없어 뛰쳐나오고 말았다. 그대로 집으로 돌아왔더니 엄마가 금방이라도 우리를 버리고 어디론가 가 버릴 것 같아 불안했다. 그렇게 방에서 안절부절못하고 한참 앉아 있자니 어머니가 집에 돌아와 아무 일 없었다는 듯이 점심밥을 차려 주었다. 이 일이 있고서 한동안 나는 앞집 아주머니가 미워 그 집 근처를 피해 다녔다.

어머니는 꽤 미인이었다. 젊고 혼자가 된 어머니를 주변 사람들은 가만히 두지 않았다. 다른 남자와 이야기만 해도 과부가 이랬다는 둥 홀엄씨가 저랬다는 둥 입방아를 찧었다. 당시 내가 가장 듣기 싫어한 말이 과부, 홀엄씨라는 말이었다. 지금도 그 단어를 책에서 보거나 어디서 들으면 몸이 움츠러들고 소름이 돋을 만큼 혐오감이 든다.

그 시절 기억은 온갖 감각으로 우글우글 주름이 져 있다. 우묵하게 패여 그늘진 부분을 더듬다 보면 금세 볼록하게 튀어나와 빛을 받는 부분을 만나게 된다. 그 반대도 마찬가지여서, 기억 속의 가장 빛나는 부분을 회상하다가도 나는 금세 칠흑처럼 어두운 부분을 맞닥뜨리게 된다.

오한이 들었던 어느 겨울밤, 나를 덮은 이불 속의 숨 막히는 어둠을 걷어 내면, 밤새 어머니의 베틀을 비추던 호롱 불빛이 희미하게 내 얼굴을 밝혔다. 불빛을 등지고 다가와 나를 토닥이던 어머니의 손길이 불안한 밤을 견딜 만하게 해 주었다. 나는 그 밤들의 어둠 속에 늘 어머니에 대한 소문이 떠돌아다닌다는 사실을 알고 있었다. 마을 사람들이 퍼트리곤 했던 소문이 모두 어떻게 퍼져 나갔을지 떠올리면 마음이 어지러워지는데, 소문을 퍼트렸던 바로 그 이웃들과 나눠 먹었던 옥수수의 맛은 반대로 그 시절의 기억을 눈부시게 장식하고 있다.

청소년 시절, 가난한 시대

6학년 겨울날의 어느 종례 시간이었다. 담임 선생님이 내게 끝나고 남으라고 했다. 종례 후 의아해하며 어정쩡하게 서 있자 담임 선생님이 우리 집에 같이 가

보자고 말했다. 그제야 나는 '아, 내가 선생님께 편지를 썼지.'하며 잊고 있던 사실을 떠올렸다. 며칠 전에 집안 형편 때문에 중학교에 진학할 수 없어 공부도 안 되고 괴롭다고 하소연하는 편지를 썼다. 그것을 아침 일찍 등교해서 선생님 책상 서랍에 넣었는데 시간이 지나도 아무 말이 없어 못내 섭섭해하다가 깜박 잊었다.

   우리 집에 온 선생님은 내 진학 문제에 관해 어머니와 대화했다. 나는 멀리서 두 분의 표정만 살폈다. 전부터 어머니는 지금 형편으로는 내 중학교 진학이 어렵다며 깊은 한숨을 쉬곤 했다. 그날도 어머니는 나를 중학교에 진학시킬 수 없다고 선생님에게 말했던 것 같다. 다음 날 선생님은 나를 다시 불렀다. 어머니를 어떻게든 꼭 설득할 테니 공부만 열심히 하라고 말하며 내 어깨를 토닥였다.

   그 무렵 학교생활은 날마다 모의시험을 몇 번씩 보고 정리하는 게 주된 일과였다. 중학교 입시 때문이었다. 한 반에 80명 내외의 학생이 들어차 콩나물시루 같은 교실에서 우리는 방학도 없이 공부했다. 일등을 하고 싶어 열심히 공부했지만, 나보다 나이가 한 살 어리고 키도 작았던 친구가 대체로 반에서 수석을 차지했다.

   일등을 놓치는 것 외에도 키가 크다는 게 당시에는 큰 고민거리였다. 당시 내 키는 또래보다 큰 정도를 넘어 담임 선생님과 비슷한 정도였다. 혼자 튀는 나를 친구들이 껃다리라고 놀렸다. 석차는 노력하면 올릴 수 있었고 또 종종 일제 고사에서 내가 일등을 차지한 적도 있었다. 그러나 키는 내가 노력한다고 어찌할 수 있는 것이 아니어서 나는 늘 고개를 숙이고 다녔다.

키가 크다는 게 고민거리라니, 돌이켜 보면 참 부질없는 마음고생이었다. 나는 또래 아이들 사이에서 되레 인기가 많은 편이었다. 특히 여자애들 표를 많이 받은 덕에 초등학교 내내 반장이나 부반장 투표에서 쉽게 당선되었다. 6학년 때는 전교 부회장도 했다. 생각해 보면 나를 껃다리라고 놀렸던 친구들의 시선에는 높은 성적과 인기 있는 면모를 부러워하는 마음이 담겨 있지 않았을까 싶다.

담임 선생님과 함께한 추억이 많다. 그는 우리 마을 부잣집 처녀와 결혼해 처가에서 통근했다. 같은 마을에 사는 까닭에 우리는 종종 학교에서 집까지 누가 먼저 도착하나 경주했다. 방과 후 동시에 출발해 담임 선생님은 신작로로 자전거를 몰았고 나는 논길을 뛰어갔다. 논길이 거리상으로 훨씬 가까워서 매번 간발의 차이로 승패가 갈렸다.

물론 당시에는 선생님을 좋게만 생각한 것은 아니었다. 농번기가 되면 아이들도 일에 동원되어 보리 베기, 모심기 등을 했다. 당연히 선생님들도 함께였다. 그런데 우리 담임 선생님만 논두렁을 어슬렁거릴 뿐 발을 물에 담그지 않았다. 나는 속으로 '뭐 선생님이 저래? 남들은 뭐 옷 다 버리면서 모심고 싶겠어? 참 너무 하네.'라며 투덜거렸다. 졸업하고 몇 년이 지나서야 나는 그 이유를 알았다. 선생님은 피부에 알레르기가 있어 물에 들어갈 수 없었다. 알레르기가 사실 피부암이었다는 사실은 더 나중에 들었다. 암 판정을 받았을 때는 이미 손을 쓸 수 없는 상태였다고 한다. 선생님은 그렇게 짧은 생을 마치고 세상을 떴다.

초등학교 졸업 후에 자주 찾아뵙지 못해 지금까지도 죄송하다. 나는 어른이 된 후 초등학교 동창 모임에 참석한 적 있었다. 다른 반에서는 옛 담임 선생님을 모시는 게 보통이었는데 우리 반은 늘 그 자리가 공석이었다. 내가 모임 회장을 맡았을 때 사모님을 초대해 그 자리를 채웠다. 그래도 선생님을 향한 죄송스러운 마음이 조금도 줄지 않았다.

선생님은 중학교 입학 원서 제출 마감일이 다 되어 갈 때 우리 집에 다시 방문했고, 마침내 나를 중학교에 보내도록 어머니를 설득했다. 내가 장남인 덕을 크게 보았고, 선생님뿐만 아니라 외삼촌도 애써 주었다는 사실을 기억하고 있다. 다음 날 나는 선생님과 함께 중학교 입학 원서를 썼다.

그러나 당시에도 초등학생 때부터 좋은 학교에 가기 위한 경쟁이 치열했다. 나는 자신 있게 일류 학교에 지원했지만 떨어지고 말았다. 시골에서 웬만큼 공부한 수준으로는 좋은 결과를 얻기 어려웠다. 신입생 모집 기간이 모두 끝난 상황이어서 다른 학교에 지원할 수도 없었다. 부끄러운 마음에 어머니를 볼 면목이 없었다. 멀리 도망가거나 죽어 버리고 싶다는 생각까지 했다. 그때 외삼촌이 찾아와 후기에 원서를 접수하는 중학교가 광주에 있으니 그곳에 다니라고 했다. 정말 싫었지만, 선택의 여지가 없었다. 그렇게 나는 광주에 있는 중학교에 입학했다.

중학생 때부터 광주의 외삼촌네에 세 들어 살기 시작했다. 주중에는 외삼촌 집에서 학교를 통학했고, 주말과 방학 기간에는 외할머니와 함께 본가로 가서 지내는 방식으로 고등학교까지 쭉 다녔다.

촌놈이 광주에 왔으니 처음에는 모든 게 새롭고 신기했다. 외삼촌네와 학교까지 한 시간 거리를 걸어 다녔는데, 길거리 음식을 파는 가판이 많이 늘어서 있어 눈과 코를 자극했다. 엿, 붕어빵, 구운 오징어 따위 음식들이 주로 놓여 있었는데, 특히 허기진 날에는 먹고 싶은 마음을 참다가 침이 흐를 정도였다. 돈 몇 푼을 항상 가지고 다녔기에 언제든 사 먹을 수는 있었다. 다만 고생하는 어머니와 누나들이 떠올라 동전 한 닢도 허투루 쓸 수가 없었다. 일부러 간식거리가 보이지 않는 골목길로 다녔다.

   광주 생활을 시작한 후에도 일류 중학교에 입학하지 못했다는 아쉬움이 나를 괴롭혔다. 10명 중에 2, 3명 정도만 중학교에 가는 시절이었으니 중학교에 입학했다는 것만으로 행운이었는데 그런 건 생각하지도 않았다. 이제는 내가 얼마나 큰 행운을 누렸는지 헤아린다. 어머니와 누나들, 그리고 외삼촌네 식구들에게 많은 신세를 졌다. 더불어 6학년 담임 선생님 덕을 정말 많이 보았다. 나를 중학교에 보내려고 애써 주었던 것 외에도 하굣길의 경주 같은 추억이 중·고등학교 시절을 지내는 데 큰 힘이 되었다.

   청소년 시절에는 죽을 뻔한 일이 몇 번 있었다.

   당시 도시에서는 대부분의 집이 연탄으로 난방을 했다. 연탄은 도시민들의 땔감이었다. 목재보다 편리하고 화력이 뛰어나 밥 짓고 물 데우는 등 다양한 용도로 연탄불을 썼다. 문제는 연탄을 태울 때 유독 가스가 나온다는 점이었다.

   늦가을 어느 날이었다. 외삼촌네에서 자다가 가슴이 답답해서 깼는데 이상하게 몸이 전혀 움직이지 않았다. 연탄가스가 방으로 새어 들어왔기 때문이라는 생각이 들었다. 힘겹게 일어나 창문을 연 후 곧바로 정신을 잃었다. 새벽에 외삼촌네 식구들에게 발견되어 겨우 살았다.

비슷한 일이 같은 반 짝꿍 집에 놀러 간 날에도 일어났다. 그때도 똑같이 몸을 움직일 수 없어 몸부림을 치다가 정신을 잃었다. 나중에 친구 어머니가 전해 주기를, 밤중에 어디선가 섬뜩한 괴성이 자꾸 들려서 밖으로 나와 보니 우리가 있는 방에서 나는 소리더란다. 놀래서 문을 열었더니 내가 그렇게 소리를 지르고 있었고 친구는 똥을 싸고 뻐드러져 있었다고 한다. 나는 하마터면 그때 세상을 뜰 뻔했다.

또 한 번은 여름방학 때 본가에서 머물다가 겪었던 일이다. 중학생이 되어서도 집에 오면 김매기, 농약 치기, 꼴 베기 등 할 일이 많았다. 어느 날은 하루 동안 20리터 용량의 약통을 열여덟 번이나 새로 채워 가며 농약을 뿌려야 했던 적도 있었다. 일을 끝내고 집에 와서 씻는데 속이 울렁거렸다. 먹었던 음식을 죄다 토하고 쓰러지는 바람에 읍내 병원에서 하룻밤을 보냈다. 의사는 더운 날씨에 무리했을뿐더러 농약에 중독되었다며 큰일 날 뻔했다고 혀를 끌끌 찼다.

이런 일들을 겪었지만 나는 유별나게 운이 나쁜 편은 아니었다. 그때는 실제로 연탄가스나 농약 중독으로 죽은 사람이 종종 있었다. 나처럼 죽을 뻔했다가 겨우 살아난 사람은 더 많았을 것이다. 가난과 열악한 환경이 보편적인 시대였다.

　시간이 흘렀다. 고등학교 시절에는 어려운 질문들이 나를 찾아왔다. 삶이란 무엇인가? 삶과 죽음의 경계는 어디인가? 사후 세계는 존재하는가? 책에서도 선생님들에게서도 답을 들을 수 없었다.
　철학을 전공한 분이 우리 학교 영어 교사로 왔을 때, 나는 첫 시간에 "삶의 목표를 어디에 두어야 잘 산다고 할 수 있습니까?"라고 물었다. 선생님은 이 질문은 너무 넓고 깊어서 간단히 답할 수 없다고 했다. 그러면서 삶의 목표란 각자가 찾아 나가야 한다고 덧붙였다. 그때는 그 대답이 매우 불만스러웠다. 이를 악물고 공부에 매진해야 할 시기에 그토록 풀기 어려운 문제에 빠져들었으니 학업에 집중할 수 없었다. 가끔 아무 이유 없이 심하게 머리가 아팠다. 이전부터 가끔 있었던 소화 불량 증세가 더 심해졌다.

어른이 되어, 도시에서의 생활

　고등학교 3학년 시절에는 친구 자취방에서 몇 달간 지냈다. 그때 나는 대학 진학 문제로 고뇌에 사로잡혀 있었다. 두통과 소화 불량은 호전되지 않았고 입시에 집중하기엔 마음이 여러모로 어지러웠다.

친구 집에서 십여 분 거리에 참외밭이 있었다. 일요일이면 친구 몇 명과 참외를 사 먹으러 그곳을 찾았는데, 항상 젊은 누나가 원두막을 지키고 있었다. 그 누나는 아마 대학 졸업반이었을 것이다. 우리는 참외를 먹으면서 대학 진학에 관해 이런저런 이야기를 나눴다. 나는 그 누나에게 대학에 꼭 가야 하는지 물었다. 누나는 자기가 다녀 보니까 학문에 대한 열정이 없으면 무리해서 대학에 갈 필요가 없다고 했다. 그렇지 않아도 대학에 진학할 가능성이 희박하다고 여겼던 터라 나는 포기하기로 잠정적인 결론을 내렸다.

내가 수험 생활을 하던 때부터 대학 입학 예비고사가 처음 시행되었다. 지금은 대학 수학 능력 시험을 보고 그 결과에 따라 대학에 가는 데 반해 예비고사는 합격과 불합격으로 갈라 합격자에게만 대학 입학시험을 볼 수 있는 자격을 줬다. 그때나 지금이나 고3은 공부에 전력을 다해야 하는 시기지만, 나는 도무지 집중할 수 없었다. 2학기에는 자주 아팠고 가위에 눌리기까지 해 결석을 밥 먹듯이 했다. 예비고사 직전까지도 마음의 갈피를 잡지 못해 우왕좌왕했다. 시험 하루 전날이 되어서야 교과서를 모두 책상에 올려놓고 한 권씩 살펴보았다. 그랬는데도 합격했다. 친구들은 내가 공부하지 않았으니 떨어지리라

예상했다며 놀라워했다.

그런데 막상 대학에 원서를 내려니 아무리 생각해도 전공하고 싶은 학과가 없었다. 지방 국립 대학 공대에 던지듯 원서를 내고 합격하긴 했다. 예비고사 합격자 대부분이 수도권으로 몰려서 지방 대학은 소위 인기 학과만 경쟁률이 높고 그 외는 정원 미달인 학과가 많았다. 내가 합격한 곳도 정원 미달 학과 중 하나였다. 붙어 놓고도 기쁘지 않았다. 가정 형편도 좋지 않았고 도저히 적성에 맞지 않을 것 같았다.

담임에게 가정 형편 얘기를 하며 진학하지 않겠다고 말했더니, 자기가 가정 교사 자리를 찾아봐 줄 테니 어떻게든 입학금만 마련하라고 했다. 나는 고민하면서 며칠 밤을 설쳤다. 그즈음에 어머니는 고된 농사일로 허리 통증이 심해서 자주 힘들어했다. 나는 더는 그런 어머니의 도움을 받고 싶지 않았다. 돈을 벌어 명절에 선물을 안고 고향으로 오는 사람들이 부러웠다. 무엇보다 공부를 잘했던 바로 아래 동생인 넷째가 중학교 진학도 못 하고 기술을 배우느라 타지에서 고생하고 있어 늘 마음이 아렸다.

가깝게 지내던 친구들은 모두 대학에 갔지만 나는 고등학교 졸업 이후 곧바로 직장을 구했다. 1969년, 스물한 살에 교사가 되었다. 그 시절에는 고등학교를 졸업하고 몇

달간 교육받으면 초등학교 교사 자격증이 나왔다.

 시간이 흐르고 마흔셋이 되었을 때 비로소 나는 부족한 학업에 아쉬움을 느껴 방송통신대학교에서 행정학, 교육학을 공부했다. 석사는 한국교원대학교에서 상담 심리학을 전공했다. 나이 들어 시작한 공부는 매우 힘들었다. 평소에 책을 가까이해 교양 과목은 어렵지 않았으나 백과사전처럼 큼직한 원서로 공부하는 전공과목은 죽을 맛이었다. 학위를 받았다고 해서 살아가는 데 큰 도움이 되지는 않았으나 학문의 깊이를 가늠해 볼 수는 있었다.

 나는 스물일곱에 결혼했다. 올드 랭 사인(Auld Lang Syne) 노래가 거리를 가득 메운 12월 30일이었다. 내가 장남인 까닭에 어머니를 잘 모실 수 있을 만한 신붓감을 만나고 싶었다. 예쁘고 살림에도 손끝 맵다는 아가씨를 소개받아 연애를 시작했다. 할아버지를 극진히 모신다는 칭송이 온 마을에 자자한 여인이었는데 사귀어 보니 실제로도 참 좋은 사람이었다. 나한테는 소홀해도 좋으니 어머니를 잘 모셔 달라는 간절한 부탁과 함께 청혼했다.

 결혼 1년 후 첫딸을 낳았다. 아이는 생명의 신비 그 자체였다. 조그마한 얼굴에 엷은 웃음이 일다가 배가 고프면 찡그리며 보챘다. 그 모습이 말로 표현할 수 없이 신기하고 감동적이었다. 퇴근해서 집으로 돌아와 아이를 바라보고 있으면 밖에서의 버거웠던 일들을 잠깐이라도 잊을 수 있었다. 그러나 아내는 딸을 낳고 눈물을 찔끔거렸다. 듣자 하니 장모님이 내리 딸 다섯을 낳았는데, 아내가 그중 막내라 아들을 낳고 싶었다는 열망을 누누이 표해 오신 모양이었다. 그 영향으로 아내 또한 아들을 낳고 싶었던 것 같다. 우리는 곧 건강하고 잘생긴 아들 둘을 낳아 그 소원을 풀었다.

 첫아이는 집에서 낳았는데 어머니가 조산사 역할을 했다. 아내의 출산 직후 나는 대문에 새끼줄을 꼬아 숯을 끼워 만든 금줄을 쳤다. 지금은 상상하기 어려운 일이지만 그때는 집에서 출산하는 게 흔한 일이었다. 어머니는 출산을 도운 경험이 많아 우리 마을 산모들의 산파 노릇을 잘해 냈다.

 우리는 결혼하고도 10여 년간 고향 시골에서 살았다. 그래서 세 아이 모두 그곳에 있을 때 낳았다. 둘째가 태어난 뒤 나는 이제 아이를 그만 낳자고 했지만, 아내가 아들을 하나 더 두고 싶어 해서 셋째를 낳았다. 아내의 바람대로 아들이었다. 잘생기고 똑똑한 셋째를 낳지 않았으면 큰일 날 뻔했다.

 아내는 부지런하게 농사일을 도와 어머니 눈에 들었다. 어머니는 마실 나갈 때마다 살림 잘하는 며느리를 얻었다며 자랑하고 다녀 이웃의 시샘을 사기도 했다. 고향에서

곽주현

아내와 함께

어머니 모시고 오손도손 살았던 그때가 가장 행복한 시절이었다는 생각이 든다.

화목한 가정에서 아이들은 건강하게 자랐다. 큰애가 초등학교 5학년, 둘째는 2학년, 막내는 유치원에 다니던 무렵이었다. 아내가 아이들 교육을 생각해 광주로 이사하는 게 좋겠다고 운을 뗐다. 어머니는 망설임 없이 도시로 이주하는 데 동의했다. 농사일이 힘에 부치기도 하고 손주들을 위한 일이기도 하니 그렇게 하자고 적극적으로 거들었다.

곧 시골집을 팔고 광주로 이사했다. 그런데 몇 년 지나지 않아 어머니의 불평이 하나둘 생기기 시작했다. 시골에 살 때 어머니는 농사일로 항상 고생했지만, 그곳에는 오랜 세월 가까이 지낸 이웃이 있었다. 그런데 이제 어머니는 생전 처음으로 도시의 새장 같은 아파트에 갇혀 지내게 된 것이다. 어머니는 답답해 죽겠다며 다시 시골로 가고 싶다는 말을 자주 했다.

나는 어머니를 경로당에 데려다주었다. 그곳에 오는 분들에게 점심을 몇 번 사고 가끔 간식도 가져다주었다. 다행히 어머니는 경로당 사람들과 친하게 지냈다. 식사할 때만 집에 오고 나머지 시간은 경로당에서 보냈다. 나는 크게 안심이 되었다. 무슨 일에나 앞장서기를 좋아하는 어머니는 경로당 일을 나서서 하더니 노인회 회장까지

맡았다. 회원이 된 지 몇 달 안 되었는데 그런 감투까지
쓰시는 것을 보고 역시 내 어머니는 대단한 분이라고
생각했다.

    그렇게 잘 지내는가 싶었는데 이번에는 아내가 어머니에
대해 불평하기 시작했다. 어머니가 자기 흉을 보고
다닌다는 것이었다. 아래층에 사는 할머니가 만날 때마다
그 내용을 전해 준다며 창피해서 고개를 들고 다닐 수
없다고 했다. '밥을 늦게 준다.', '반찬이 먹을 게 없다.'
등 시시콜콜한 내용이었다. 나는 사람이 어떻게 좋은
이야기만 하겠냐며 마음에 두지 말라고 했다. 그렇지만
아내는 그런 얘기를 듣고 오는 날이면 억울함에 밤잠을
설치기도 했다.

    우리 부부는 어머니 몰래 외식 한번 해 본 적 없이
어머니를 살뜰히 챙겨 왔다. 아내는 계 모임 같은 일로
외출을 나갔다가도 끼니때가 가까워지면 어머니 식사
문제로 조마조마해했다. 이런 불안감 때문에 예정된
일정을 소화하지 못하고 금방 집으로 돌아오는 일도
빈번했다. 그러나 아내가 아무리 애써도 고부간의 갈등은
깊어 갔다. 나는 아내를 나무라며 당신이 이해하고
참으라며 윽박질렀다. 어머니는 어머니대로 며느리가
자신을 홀대한다며 하소연해 나를 힘들게 했다.

    중간에 끼어 이러지도 저러지도 못하니 하루하루가

가족사진. 뒷줄은 아들과 딸,
앞줄은 아내와 어머니

지옥 같았다. 급기야 어머니는 방을 얻어 나가겠다고 했다. 고향에서 혼자 사는 큰누나 집에 들어가는 걸로 결정했다. 시골로 돌아간 어머니는 큰누나 집에서 작은누나 집으로, 다시 우리 집으로 오기도 하며 어느 한곳에 오래 있지 못했다.

그러다 노환이 깊어져 거동이 불편해진 어머니를 우리는 할 수 없이 요양원에 모셨다. 말년에 어머니는 치매 증상으로 나를 잘 알아보지 못했다. 그래도 토요일만 되면 아들이 올 거라면서 출입문만 바라보신다고 요양 보호사가 전했다.

어머니는 2년쯤 요양원에 있다가 유명을 달리했다. 담당의의 연락을 받고 황급히 찾아갔으나 어머니는 이미 눈을 감은 뒤였다. 향년 89세였다. 슬하에 자식 다섯과 장성한 손주를 열셋이나 두었지만, 임종을 지킨 사람은 아무도 없었다. 세상이 다 끝난 기분이었다. 조문객들은 어머니도 살 만큼 사셨으니 호상이라고 했다. 위로의 말이라는 걸 아는데도 서운했다. 나는 어머니가 얼마나 힘겨운 삶을 살았는지 잘 알았다. 더군다나 나는 장남이라는 이유로 어머니의 뒷바라지를 가장 많이 받았다. 그랬기에 어머니를 제대로 모시기는커녕 임종조차 지키지 못한 것이 더욱 죄송하고 부끄러웠다.

어머니가 운명하기 바로 전 해에 나는 교장으로 승진했다. 발령장을 받고 요양원에 계신 어머니를 찾아갔는데 어머니는 그 소식을 듣고도 별다른 표정 없이 "잘했다." 한마디만 하고 침대에 다시 누웠다. 그때 이미 어머니는 삶에 대한 의지가 바닥났던 것 같다. 나는 정년퇴직하면 한적한 곳에 작은 집을 한 채 마련해 어머니를 모시고 싶었다. 텃밭에 채송화, 봉숭아도 심고 상추, 가지, 오이도 가꾸며 함께 살겠다고 마음먹었다. 이런 기대가 무색하게 어머니는 떠났다. 아내와 형제들을 탓하고 싶은 마음이 들었다. 장례식 이후에도 언뜻언뜻 미운 감정이 치솟아 한동안 평정심을 유지할 수 없었다. 그러나 이 모든 것은 내가 처신을 잘못한 결과였다는 생각이 들어 서운함을 거두려고 노력했다.

장례가 끝난 뒤 서재에 어머니 영정 사진을 걸었다. 요즘도 방문을 열 때마다 보이는 사진을 향해, 어머니가 살아 있었을 때처럼 잠은 잘 잤는지, 오늘 기분은 어떤지 묻는다. 그러기를 벌써 12년째다. 가족들도 내가 이러는지 모를 것이다. 지금도 나는 사진을 똑바로 바라보지 못한다. 죄책감이 남아서 그렇기도 하지만 어머니가 금방이라도 사진에서 나와서 나를 호되게 꾸짖을 것 같은 무서움도 있어서다. 어머니를 더 잘 모셨어야 했다고, 그리고 그 심중을 더 이해해야 했다고 참회하지만 그런들 이제 무슨 소용이 있겠는가?

어머니가 세상을 뜬 후 나는 사람이 모인 곳에서 두 번 통곡했다. 한 번은 정년퇴직하던 날이었다. 퇴임사를 읽다가 어머니 생각이 났다. 그러자 자제할 수 없는 설움이 복받쳐 몇 번이나 말을 멈추어야 했다. 또 한 번은 막내아들 결혼식 날 축사하는 중에 울었다. 막내아들을 등에 업고 잘생긴 손주가 생겼다며 이웃들에게 자랑하고 다니던 어머니 모습이 떠올랐다. 어찌나 눈물이 쏟아지는지, 끝까지 축사를 읽을 수가 없었다. 많은 축하객이 모인 곳이라 마음을 가다듬으려고 아무리 애를 써도 감정을 통제하지 못했다. 주변 사람들은 이 기쁜 날 왜 그러냐고 물었지만 나는 아무런 대답도 할 수 없었다.

가끔 고향에 가서 혼자 사는 노인들과 얘기를 나눈다. 그들은 자식들이 도시로 모시겠다는데, 따라가서 같이 지내야 할지 고민이라고 토로한다. 나는 절대로 따라가지 말라고 말한다. 화장실을 다닐 수 있고 치매가 없다면 혼자 사시도록 권한다. 그리고 부모님을 모시고 살겠다고 말하는 젊은이들에게도 같은 말을 한다. 함께 사는 것이 꼭 효도는 아니다. 시골에서 오랫동안 살아온 사람에게 도시와 아파트는 감옥이 될 수도 있다.

근황, 내 노년의 삼락(三樂)

해가 지고 있다. 서재의 창문이 서쪽을 향해 나 있어 해 질 무렵 책상 앞에 앉으면 서산을 넘어가는 태양을 마주한다. 오늘은 노을이 유난히 붉다. 활활 벌겋게 타오르는가 싶더니 곧 사그라든다. 내 나이 칠십 대 중반이다. 인생의 해 질 녘을 지나는 것 같다. 그러나 나는 지금 행복한 나날을 보내고 있다.

공자는 삶의 즐거움을 이렇게 표현했다. "배우고 때때로 익히면 또한 기쁘지 아니한가? 벗이 있어 멀리서 찾아오면 이 또한 기쁘지 아니한가? 사람들이 나를 몰라주더라도 성내지 아니하면 이 또한 군자가 아니겠는가?" 그는 이것을 인생삼락(人生三樂)이라 말했다. 즉 평생 배우고 익히는 재미, 친구를 만나 이런저런 세상 이야기를 나누는 즐거움, 그리고 남을 의식하지 않고 자기 삶을 사는 것이 인생의 큰 기쁨이라는 말이다. 그러고 보면 내게도 이와 비슷한 삼락이 있다. 공자처럼 인생이라는 말까지 넣을 정도는 아니지만, 노년을 보내며 누리는 즐거움이 세 개쯤 있다는 뜻이다.

첫째는 두 손주를 키우는 즐거움이다. 여름철에도 학교에서 돌아온 아이들은 놀이터로 향한다. 푹푹 찌는 날씨에 신나게 뛰어놀다가도 집 주변 산책로를 돌자며 내 옷깃을 잡아끈다. 나와 아내는 두 아이 손을 잡고 걷는다.

나이 들어 거칠고 딱딱해진 손으로도 포동포동 살이 오른 아이 손의 부드러움을 느낄 수 있다. 마치 숨 쉴 때 산소가 혈관을 따라 몸 구석구석으로 가는 것처럼 피부를 통해 전달된 감각이 신경 줄을 타고 전신으로 퍼지는 것 같다.

   산책하던 중 손자가 개울가 버드나무 가지 사이를 드나드는 참새를 보고는 "꼭꼭 숨어라. 꼬리가 보인다."라고 외친다. 또 다른 참새를 가리키며 쟤는 금방 들키겠다며 발을 동동 구른다. 손자의 상상 속에서 누가 술래인지 알 수는 없으나, 눈을 홉뜨고 참새를 찾는 것이 마치 자기가 술래가 된 것 같다. 그 모습이 귀여워서 목말을 태워 몇 미터 가는데 "할아버지, 허리 아프지?"라고 말하면서 내려 달라고 한다. 지난여름 내가 심한 요통으로 고생한 것을 기억하는 것 같다. 기특하지 않은가! 힘들어도 이런 기쁨 때문에 아이들과 함께한다. 그때 그 모습을 지켜보던 손녀가 빠른 걸음으로 앞서간다. 한참 가다가 휙 돌아서더니 "할아버지는 지원이만 좋아해?"라고 말한다. 동생만 예뻐한다고 심통이 난 것이다. 무엇이든 똑같이 나누어 주려고 노력하지만, 사랑을 줄 때는 이렇게 균형을 못 잡아서 다른 한쪽의 볼멘소리를 듣는다. 얼른 달려가 손녀를 번쩍 들어서 꼭 안아 준다. 손녀는 언제 뽀로통했냐는 듯 깔깔 웃는다. 나는 흐뭇해서 손녀를 더 높이 들어 올린다. 이런 손주 돌보기 경력이 벌써 12년이다. 어떤 때는 아이들이 주는 기쁨이 늙은 나를 달래고

© 김리원

곽주현

은퇴 후 보길도를 여행하면서

보살핀다는 생각도 든다.

　또 하나는 농사짓는 즐거움이다. 고향 마을 바로 앞에 밭이 있다. 400평 정도 되는 땅에 10년 이상 씨 뿌리고 가꿔 왔다. 서울에서 손주를 볼 때도 주말이면 고향에 내려와 작물을 가꾸었다. 주로 콩, 참깨, 고추, 배추, 고구마를 심고 때로는 가지, 오이, 토마토, 옥수수 같은 열매채소나 상추, 쪽파, 케일, 부추, 배추 등의 잎채소를 기른다. 흙더미를 뚫고 올라온 새싹을 보면 그저 신비롭다. 누군가는 벼 한 톨에서 우주를 본다고 했다. 나는 그렇게 심오한 생각까지는 한 적 없지만, 수확하다 떨어진 낟알 한 톨도 꼭 줍는다. 씨앗에서 시작해 열매를 맺기까지 얼마나 많은 시련을 이겨 냈는지 보이는 듯해서다.

　지인 중에는 왕성하게 자라는 잡초 때문에 작물 기르기를 포기했다며 손사래를 치는 사람도 있다. 나는 그런 사람에게는 농사를 권하지 않는다. 작물을 심어 가꾸는 데는 많은 땀과 시간, 인내가 필요하기 때문이다. 물론 농사가 힘들기만 한 것은 아니다. 흙 만지는 일에 열중하다 보면 잡생각이 사라진다. 그래서 나는 농사가 좋다. 싹이 트고 자라서 꽃이 피고 열매 맺는 것은 비와 바람과 햇빛이 하는 일이다. 그 기적 같은 일에 늘 동참하고자 땀을 흘리며 김을 매고 거름을 준다.

　마지막 즐거움은 글쓰기를 배우는 데서 나온다.

아이들을 유치원에 보내 놓으면 하원 시간 전까지 여유가
생긴다. 예전에는 책도 읽고 산책도 했다. 그러나 이보다
더 가치 있는 시간을 보내고 싶다는 생각이 들어 글쓰기를
배우기 시작했다. 3년 전에 조선대학교 평생교육원에
글쓰기 강의를 신청했다. 생각보다 수업이 어려워서
나는 몇 번밖에 출석하지 않았다. 그러나 미련이 남았다.
이후 목포대학교 평생교육원 '일상의 글쓰기' 강의를
신청하고서도 이 나이에 무슨 청승이냐며 자책했다. 매주
글을 쓰는 과제는 너무 힘들었다. 머리에 쥐가 난다는
표현은 이럴 때 하는 것 같았다. 그러나 글 한 편을 과제
제출용 인터넷 카페에 올리고 나면 해냈다는 기쁨이 더
커서, 어려움은 다 잊고 다시 고난의 자판을 두드리고 있는
나를 발견했다. 글쓰기에는 중독성이 있는 것 같다. 칠순이
넘은 나이에도 새로운 공부를 시작할 수 있으니 이제
무엇을 시작하는 분들은 멈추지 말고 계속하라고 말하고
싶다. 어느 것 하나도 쉽지 않고 힘들지만, 계속 시도하면
결국 실력은 늘고 즐거움 또한 커진다. 삶이란 이렇게
도전하고 애써 성취하는 과정이 아닐까?

　자서전을 쓰면서 삶을 되돌아보았다. 언젠가 한 번은
쓰고 싶었는데 이렇게 기회가 빨리 주어졌다. 기억을
하나씩 펼칠 때마다 그 시절의 아픔과 기쁨이 생생하게
되살아났다. 지나고 보니 별것 아닌 것들에 아파했던 것

곽주현

같다.

    내가 지금처럼 살 수 있었던 건 사랑하는 두 여인 덕분이다. 이제는 만날 수 없는 곳에 계신 어머니와 내게로 와서 50년 가까이 가족을 위해 노력을 아끼지 않은 아내에게 이 글을 바친다.

    고맙습니다.

오화자 吳和子 이야기

저는 전라남도 보성군 회천면 동율리 동촌에서 1943년 2월 25일에 태어났습니다.

낮에는 꼬물꼬물 집안일을 해 놓고 TV를 보면서 피아노 학원 갈 시간을 기다립니다. 저녁이면 아들딸에게 꼬박꼬박 전화가 옵니다. 할머니 고양이 '나비'와 함께 평화로운 노년기를 보내고 있습니다.

가족에게 보내는 한마디

부족한 글이지만 훗날 엄마를 추억할 때 이 이야기를
읽어다오. 나는 내가 봐도 훌륭한 엄마는 아니었다. 항상
미안하다. 그럼에도 나는 너희들의 힘으로 살고 있다.
나의 자랑 아들, 딸들아. 욕심부리지 마라. 나쁜 짓도 하지
마라. 건강을 챙겨라. 평범하게도, 충분히 잘 살 수 있다.
인생은 참 짧다. 그러니 나도 오늘 이곳에 쓴다. 애들아,
많이 사랑한다.
엄마가.

내 인생의 키워드

배움, 건강, 사랑

그리움에서 시작되는 이야기

가로등

집 앞 전봇대 가로등

저녁이면 시간 맞춰
결석도 않고 매일매일
나와 우리 집을 비춘다

도둑놈이 올까 봐
지켜 주나 봐

나는 나는 반갑게 맞이한다

    집에 가만히 앉아 있으면 뻐꾸기 소리가 심심찮게 들려온다. 들을 때마다 고향에 살 때 들었던 뻐꾸기 소리와 똑같다고 생각한다. 그래서일까? 그 울음소리는 때로 구슬프게 들린다. 세월이 많이 흘렀다. 어떤 기억들은 지금도 눈에 선하다. 지게 지고 풀 베러 가는 일꾼들의 노래가 산울림이 되던 오후, 이웃집 살구나무를 흔들던 바람, 우두두 떨어진 살구를 누가 주워 갈세라 재빠르게

오화자

ⓒ 김수빈

뛰어가던 여름날, 날씨가 궂으면 비 몰아온다 빨래 걷어라 하시던 엄마……. 밀보리 익는 사오월의 들녘처럼, 바람에 그리움이 일렁인다.

내 고향, 먹고 살았던 이야기

내 고향은 전라남도 보성군 회천면 동율리 동촌이라는 곳이다. 산 밑에 아담히 자리 잡은 바닷가 마을이다. 나는 이곳에서 1943년 2월 25일에 태어나 삼십 년 가까이 살았다.

아버지와 어머니는 팔 남매를 두셨다. 아들 셋, 이어서 딸 다섯. 나는 그중에서 다섯째고 딸 중에선 둘째다. 아버지는 다른 여자와 아들 하나, 딸 둘을 또 두셨다. 모두 합치면 열한 명이나 되었다. 우리는 그 여자를 작은엄마라고 불렀지만, 함께 산 적은 없어 서로 잘 모르는 사이다.

식구가 많다 보니 항상 자매들끼리 시간을 보냈다. 밤공기가 차가워지기 전까지는 마당에 멍석을 펴고 누워 소곤소곤 이야기 나누곤 했다. 모닥불을 피워 놓고 돌아가며 노래도 불렀다. 사촌들과 우리 집 골방에 모여 누구 다리가 더 긴가, 더 굵은가를 논하며 웃었다. 언니와 세 동생은 내 추억의 동반자들이다.

언니와 나는 식구들의 끼니를 담당했다. 아버지부터 오빠들, 일꾼들 밥상까지 다 차렸다. 밥을 많이 지어 봤자 입도 그만큼 많다 보니 정작 우리 밥은 없을 때가 잦았다. 언니는 아무 소리 말라며 입단속을 시켰지만 나로서는 투덜거리지 않을 수가 없었다. 그 소리를 들은 아버지가 다들 밥을 조금씩 남기게 해서 우리도 먹게 해 주셨던 기억이 난다. 쌀만 해도 얼마나 귀했던지, 가난한 집은 점심으로 고구마를 먹던 시절이었다. 그래도 우리는 밥을 먹는 집 정도는 되었다. 고구마가 먹고 싶으면 밥 한 그릇 들고 가서 고구마와 바꿔 왔다. 아마 지금 젊은 세대들은 감도 오지 않을 것이다.

모내기 철에 들에서 먹는 찰밥을 '못밥'이라고 한다. 못밥 짓는 날이면 온 마을 사람들이 자기 집 밥을 짓지 않고 우리 집에 왔다. 집에서 먹는 못밥이었다. 다들 한 그릇씩 먹고 집에도 한 그릇 가져갔다. 엄마는 나와 동생 정자에게 밥 가져간 사람들이 그릇을 제대로 돌려주는지 대문 앞에 서서 확인하라고 하셨다.

못밥, 하니 모내기 철의 일화가 생각난다. 1960년 언저리였을 것이다. 모내기에 보리타작에 정신없이 바쁠 때였다. 부채도 귀하던 시절이라 여자들은 치마를 펄럭여 열기를 털어 내곤 했다.

점심때가 되면 다 같이 마실 시원한 물을 우물에서 길어 왔다. 그다지 깊지 않은 네모반듯한 모양의 우물을 '통샘'이라고 했다. 하루는 이웃집 언니하고 물을 길으러 갔는데, 샘가에서 놀다 그만 내가 샘으로 빠져 버렸다. 다행히 다치지는 않았지만 샘이 온통 흙탕물이 되어 버렸다. 우리는 더러워진 물을 다 퍼내고 새로 고일 때까지 기다려야 했다. 얼마나 웃었는지 모른다. 우리가 머리에 물동이를 이고 돌아왔을 때, 엄마는 왜 이제야 오냐고 야단을 치셨다. 그 이웃집 언니는 지금 서울에 살고 계신다. 지금도 그날을 생각하면 웃음이 나온다.

  그 무렵 우리 셋째 오빠가 여드름을 짠다고 용을 쓰다 거울을 깨뜨렸다. 그런 것 하나만 깨도 무슨 큰일 저지른 것처럼 놀라고 혼나던 시절이었다. 깨진 바가지 쪽박도 바늘로 꿰매 고쳐 써야 했다. 고무신만 해도 귀했다. 첫째 오빠가 학교 발령을 받고 근무를 시작한 지 얼마 되지 않았을 때였다. 월급을 탔다고 언니와 내게 빨간 세무 운동화를 사다 주었다. 새 신발이라고, 선반 위에다 올려놓자마자 다시 내려서 신어 보고 또 올려놓고 또 신어 보고…… 자랑한다고 동네방네 뛰어다니고. 쉼 없이 흐르는 세월을 따라 이 나이가 되니 철이라곤 없었던 그 시절이 그립다. 모든 것이 풍요로운 지금보다 모든 것이 귀했던 그 시절이 더 좋았던 것 같다.

  아버지는 무서운 분이셨다. 행여 방에라도 들어오시면 식구들이 일동 기립할 정도로, 가정교육이 군대식에 가까웠다. 밖에서 공놀이하던 동네 사람들도 아버지가 지나가면 슬그머니 숨을 정도였다. 그 덕에 이 긴 세월을 똑바로 처신하며 살 수 있었던 것 같기도 하다. 어느 날은 동생 정자 앞으로 편지가 왔는데 보낸 사람이 남학생이었다. 전화도 TV도 없던 때라 내 이름 적힌 편지 한 통 받는 게 크나큰 즐거움이었다. 딸이 남자와 펜팔을 한다는 걸 알게 된 아버지는 노발대발하여 잉크병까지 집어 던지셨다.

   그렇게 엄한 아버지도 여름 손님들을 막진 못하셨다. 집에서 율포솔밭해수욕장이 가까웠기 때문에 오빠들은 여름방학마다 친구들을 데려와 피서를 보내곤 했다. 해마다 어찌나 많이 오던지 엄마는 늘 정신이 없으셨다. 그 시절에 어떻게 그 많은 손님의 밥상을 다 차렸을까? 지금 생각해 보면 아이구미나– 싶다. 아버지는 우리 집을 두고 '간판 없는 여관'이라고 하셨다. 아들의 손님들이니 아버지도 차마 싫은 내색은 할 수 없으셨던 것이다.

   오빠들은 모두 조선대학교에 다녔는데, 셋 중 누군가가 조선대부속고등학교 선생님과 친해진 모양이었다. 그분이 서른 명 남짓한 학생들을 데리고 놀러 온 적이 있다. 우리 집 뒷마당에 솥을 걸어 밥을 해 먹고 해수욕장으로 내려가 놀았다. 웃통을 깐 남자들이 온 마당을 채우고 있으니 딸 가진 우리 아버지는 놀라서 눈이 둥글둥글해졌다.

   한바탕 왁자지껄했던 손님들이 떠나면 여름이 마치 썰물처럼 빠져나가는 듯했다. 그새 정이 들어 온 식구가

오화자

한동안 헛헛하고 서운해했다. 초가을 바람이 푸른 들판을 흔들었다. 해가 지면 귀뚜라미가 울고, 반딧불이 날았다. 북두칠성이 선명했다.

그때 놀다 간 어떤 여학생은 우리 언니에게 편지를 보내기도 했다. 지금은 그 학생들이 다 할아버지 할머니가 되었을 것이다. 다들 어떻게 살다가 어떻게 늙었을까? 가끔 그들의 안부가 궁금하다.

우리 집은 논농사와 멸치 양식으로 먹고 살았다. 모래사장에 오두막을 지어 멸치를 염포하고 수북이 쌓아 놓는 공간으로 사용했다. 일꾼들이 기거하는 곳이기도 했다. 집에서 식사가 준비되면 정자가 오두막까지 함지로 이고 날랐다. 정자와 나는 몰래 멸치를 빼돌려서 마을 아낙들에게 팔아먹고 돈을 나눠 썼다.

우리 집에는 전어잡이 배도 있었다. 만선(滿船)이 들어오면 온 마을 사람들이 전어를 사 갔다. 저녁이면 집마다 고기 굽는 냄새가 진동을 했다. 소금만 뿌려 굽는데 얼마나 맛있었는지……. 그보다 맛있는 걸 내 평생에 먹어 본 적이 없다.

하늘이 맑고 파도가 잔잔한 날이면 율포 앞바다에서 저 멀리 득량도를 볼 수 있었다. 날씨 좋은 날을 골라 마을 친구와 고동도 잡고 바지락도 캐고 파래도 뜯으러 갔다. 바위에 올라가 '이별의 종착역'이라는 노래도 불렀다.

오화자

고향 바닷가에서 언니와

바다는 반짝반짝 아름다웠다. 이 모든 풍경이 나의 뇌리에는 선한데 그 친구는 지금 이 세상에 없다.

결혼 후, 우리 다섯 식구 이야기

내가 스물다섯쯤 되자 곳곳에서 중매가 들어오기 시작했다. 봄가을마다 나간 선 자리를 다 세면 삼십 번쯤 될까. 서른 살이 되던 해 1월에 결혼했다. 당시의 풍속을 생각하면 아주 늦게 한 편인데, 우리 동네에는 종종 이런 집들이 있었다. 내 여동생들도 모두 삼십 대에 결혼했다.

남편과 다리를 놓은 건 친척 오빠였다. 남편은 나보다 세 살이 많았다. 처음에는 키가 작아서 만남을 거절했다. 그래도 번듯한 직업에 막내라는 점이, 생각할수록 괜찮았다. 장남과 결혼해 맏며느리가 되면 시집살이에 대한 부담도 커지니 말이다.

그전에도 오 선생댁 정도면 부자라고, 중매 자리는 많이 들어왔다. 덕분에 총각들의 선물 공세도 받아 보았지만 나는 대졸자가 아니면 애초에 마다해 버렸다. 그러나 정작 나는 초졸이라 잘난 상대들에게는 학벌이 아쉽다며 자주 퇴짜를 맞곤 했다. 남편과 결혼이 결정되자 시누이도 "수준이 맞지 않다"는 말을 했다. 사범대 나온 자기 동생을 초졸 여자에게 장가보내기에는 아까웠던 것이다.

남편이 다니는 학교 옆에 방을 얻어 신혼집을 차렸다. 그곳에서 오 년쯤 살며 두 딸을 낳았다. 내 생애 가장 행복했던 때가 아니었나 싶다. 시골에서 올라와 처음으로 도시 생활을 시작하고, 교사의 아내라고 사모님 소리도 듣고, 남편이 양장점에서 옷도 맞춰 주었다. 시골에서 살 때와 다르게 할 일도 별로 없어서 참 편했다. 삼십 년을 부모 밑에서 벌벌 떨며 살아서 그런지 처음으로 대접받는 기분이었다.

광주로 들어와서는 아들도 낳았다. 아버지 친구분이 광주 기독병원 산부인과 의사라 내 아이들을 다 받아 주셨다. 딸은 삼만 원, 아들은 사만 원이었다. 아이들은 가끔 다치거나 아파서 내 속을 끓이기도 했지만 건강하게 자라서 학교에 입학했다. 나는 주부로서 평범하게 생활했다. 아들이 반장일 때는 담임 선생님의 도시락까지 만들어서 소풍에 따라가기도 했다. 흔히들 그렇게 하던 시절이었다.

큰딸이 초등학교 1학년 때였다. 5·18이 터졌다. 아직 집을 장만하지 못해서 세 들어 살고 있을 때였다. 계엄군의 무자비한 진압이 시작되자, 우리는 다른 집 가족들과 함께 주인집에 딸린 지하실에 몸을 숨겼다. 총소리에 다 같이 떨었던 기억이 생생하다. 가게란 가게는 전부 문을 닫아 쌀 한 되도 구할 데가 없어서 친정인 보성으로 일주일간 피난을 가 있었다. 광주로 들어오거나 나가는 버스는 전부

끊겨, 화순까지 걸어가서 보성행 버스를 타야 했다. 딸들은 걸을 수 있는 나이였지만 막내는 겨우 네 살이라, 남편과 내가 교대로 등에 업었다. 반나절을 넘게 걸어서 도착했다. 우리처럼 다른 지역에 가기 위해 화순까지 걸어온 사람이 많았다. 보성에도 군인들이 깔려 있었다. 우리는 광주 전체 등교 허가 방송을 듣고 광주로 돌아왔다.

   우리 다섯 식구는 대체로 평범하게, 즐겁게 살았다. 남편은 늘 일하느라 바빴지만 그 시대 남자치고는 애들과 잘 놀아 주었다. 내가 엄한 아버지 밑에서 자라서 그런가, 남편이 애들에게 화내거나 손찌검하지 않아서 좋았다. 애들이 담배 냄새가 싫다고 하면 군말 없이 집 밖으로 나가서 피우는 아빠였다.
   아들은 특히 공부를 잘했다. 시험에서 1등 했다고 신차두(실내화 주머니)도 안 챙기고선 뛰어 들어오곤 했다. 중학교에서도 심심찮게 1등을 했고 매해 회장, 부회장도 했다. 자모회(姉母會)에 나가면 다른 엄마들이 '1등짜리 엄마'라고 불러주었다. 내 인생에서 그렇게 자랑스러웠던 적이 없었다. 서울대도 떡하니 붙겠구나, 기대했는데 고려대에 갔다. 솔직히 조금은 아쉬웠다.
   아들이 대학교 1학년을 마치고 입대했을 때, 남편이 심근경색으로 세상을 떴다. 그 사람 나이 예순이었다. 진단을 받기 일 년 전부터 눈에 띄게 야위기 시작했는데

오화자

조선이공대를 등지고 아들과

아무도 그게 심각한 징조인지 몰랐다. 병원에서도 너무 늦게 왔다고, 작년에 왔으면 고칠 수 있었을 거라고 했다. 평생 술을 즐기던 게 화근이었던 것 같다. 시끌벅적한 걸 싫어하는 나와는 달리 남편은 술과 친구를 좋아해 밖에서 자주 놀았다. 주사도 나쁜 건 없었고 때로 노래를 부르며 들어오는 정도였다.

생전 병원에 안 가던 양반이, 하루아침에 눈을 감았다. 진단을 받고 전대병원에 입원한 지 딱 십이 일 만이었다. 얼마나 놀랐는지 한 삼 년은 떨고만 있었던 것 같다. 먹여 살려 주던 남편이 하루아침에 사라지니 나 이제 어떻게 사나, 겁이 났다.

그러나 어떻게든 시간은 흘렀다. 벌써 혼자 산 세월이 더 길어졌다. 아이들 모두 순조롭게 대학을 졸업해 자기 살길을 찾았다. 언제나 나의 자랑인 아들은 현재 한 회사의 간부로 일하고 있다. 그 사실만으로도 나는 살아갈 힘이 난다. 딸들도 모두 잘 되었다. 덕분에 나는 지금껏 궁색하지 않게 삶을 이어 올 수 있었다. 우리 다섯 식구는 오순도순 행복한 한때를 살았다.

공부와 취미, 배우는 것은 힘을 기르는 것

내 가방끈이 짧아서일까. 많이 아는 사람이 제일 대단해 보이고 부럽다. 사는 내내 무엇이라도 배우고 싶은 욕망을 느꼈다. 아이들을 다 키우고 남편도 없이 혼자 살게 된 후로는 딱히 할 일도 없었다. 평생 독서 말고는 이렇다 할 취미도 만들지 않았다 보니 내가 하고 싶은 건 다름 아닌 공부였다. 책을 읽으면 필사도 자주 했고 아무도 보지 않을 글이라도 매일 조금씩 끄적였다. 스스로 생각하기에, 나는 글공부가 맞는 사람이다. 그래서 어떤 공부를 해도 어려울지언정 지루하거나 힘들다고 느껴 본 적이 없다. 손녀와 함께 TV를 보더라도 영어 단어가 나오면 꼭 무슨 뜻인지, 어떻게 읽는 건지 물어본다. 손녀는 영어를 전공하고 있어서 정확하고 친절하게 알려 준다. 얼마 후면 까먹어 버리지만 그래도 좋다. 오늘 이렇게 또 하나를 배웠구나, 하는 그 느낌 자체가 기쁘고 소중하기 때문이다.

나도 이제는 돋보기를 사용하지 않으면 글자를 잘 읽을 수 없는 나이가 되었다. 열정이 아무리 넘쳐도 노화는 어떻게 할 방도가 없다. 어떤 사람들은 다 늙어서 무슨 공부냐고 한다. 나와 생각이 다른 사람도 존중해야겠지만, 솔직히 그런 가치관을 가진 사람하고는 대화를 이어가고 싶지 않다.

나는 무엇이든 한 번 시작하면 꾸준히 한다. 오래전부터 조선대 평생교육원에서 명심보감 수업을 들으며 교양을 쌓는 데 열중하고 있다. 몇 년을 수강하다 보니 늦게나마 정규 교육 과정을 밟고 싶다는 마음이 들어 중학교로

오화자

명심보감

© 김수빈

발길을 돌렸다. 학력 인정 평생 교육 시설이라 나 같은 만학도가 많이 다녔다. 일반 학교에서 못 나오게 한 아이들도 있었다. 서구 매월동까지 버스를 한 시간씩 타야 했는데 지각도 하고, 잠이 들어 종점까지 가 버린 적도 있었다. 그러나 포기하지 않고 고등학교까지, 일 년에 사분기씩 학비를 내가며 열심히 다녔다. 내 나이 일흔, 마침내 고등학교 졸업장을 받았다. 졸업 후에는 다시 평생교육원으로 돌아왔다. 올해 봄 학기 종강 날까지 다 나갔다.

서예

아들이 아직 초등학교도 들어가지 않았을 때였다. 나는 한문을 배우고 싶어서 아들을 데리고 동구청 옆에 있는 학원에 다녔다. 옛 도청 주변에는 서예 학원도 있었는데, 한문에 어느 정도 자신이 생기니 서예도 배워 보고 싶었다. 처음에 받아온 학원의 책자를 아직 가지고 있다. '1985년'이라고 적혀 있다. 87년까지 삼 년간 서예를 배우러 다녔다. 지금으로부터 약 사십 년 전이니 내 나이 마흔 언저리였을 것이다.

 서예 학원에서는 최대한 소음이 나지 않게 모두가 조심했다. 더 훌륭한 붓글씨체를 써내기 위해 오로지 연마에만 열중했다. 그 조용하고 진지한 분위기가 마음에 들었다. 다닌 지 일 년쯤 지났을 때 나도 제법 그럴듯한

서예전시회에서 남편과

글씨를 써내기 시작했다.
   매해 연말이면 옛 남도예술회관에서 서예 학원이 주최하는 회원전이 열렸다. 좋은 작품을 출품하려면 가을부터는 본격적인 준비에 돌입해야 했다. 작품 하나를 쓰는 데는 평균 두 시간 정도 걸리는데, 그렇게 두 달을 연습에 매진했다. 수련을 위해 경남 합천의 '해인사'까지 간 적도 있었다. 그 시절 찍은 사진을 지금 보면 감회가 새롭다. 이때만 해도 내가 젊었구나, 참 열심히 했구나. 지금에서야 느낄 뿐이다.

피아노

   나 같은 할머니가 피아노를 친다니? 감히 상상도 하지 못한 일이었다. 그러나 가끔은 상상도 현실이 된다. 내 나이 여든, 『성인 소곡집』을 친다.
   우리 집에는 피아노가 한 대 있다. 딸들 어릴 때 남편이 사 준 것이다. 여느 아이들이 그러하듯 우리 딸들도 고학년이 되면서 차차 흥미를 잃어, 피아노는 순식간에 무용지물이 되어 버렸다. 가끔 집에 놀러 온 손주들이나 잠시 뚱땅거릴 정도였다.
   혼자 산책을 나섰던 어느 날, 피아노 학원이 눈에 들어왔다. 한 달 학원비라도 물어보자는 마음이 들었다. 사만 원만 달라는 말에 참 저렴하다 생각하고 그 자리에서 바로 등록했다. 초반에는 연습을 하는 내내 왼팔이 이상할 정도로 불편하고 아팠다. 신경과에서는 아무 문제가 없다고 했다. 하는 수 없이 아픈 팔로 연습을 계속했는데 어느 순간 통증이 사라졌다. 다행히 그 이후로는 괜찮다.

그 세월이 벌써 삼 년이다. 가벼운 마음으로 시작했는데 어쩌다 이렇게 오래 배우게 되었을까? 그 비결은 우리 선생님께 있다. 처음에 부른 사만 원에서 지금껏 만 원도 더 올리시지 않았다. 회원 관리도 꽤 철저하다. 내가 학원에 안 나가면 꼬박꼬박 전화를 거신다. 그 돈을 받고 주 오 일씩 와서 치라고 한다. 집에서도 매일 연습하란다. 6월부터 매주 금요일, 자서전 쓰러 전일빌딩까지 갔다 와야 한다고, 그날은 힘들어서 학원까지는 못 가겠다고 말씀드렸더니 선생님 대답이 "그럼 좀 쉬다 저녁쯤 나오세요".

본인 스스로 정확한 나이를 말해 준 적은 없지만, 가끔 하는 자식 이야기로 유추했을 때 육십 대는 넘기신 것 같다. 다룰 줄 아는 악기도 피아노뿐만이 아니다. 항상 친절한데다 대화도 잘 통해서, 강습을 마치면 때로 밥도 함께 먹으러 간다. 좋은 인연을 만났다고 생각한다.

눈으로는 악보 읽으랴, 손으로는 오른쪽 치랴, 왼쪽 치랴…… 정신이 하나도 없었다. 삼 년이 지난 지금까지도 여전히 마음 같지 않고 모든 게 어렵다. 그러나 지금껏 치고 있는 게 어딘가. 이것만으로도 충분히 자랑스러운 일 아닌가? 「홀로 아리랑」과 「매기의 추억」, 「선구자」는 내가 특별히 좋아하는 곡이다. 비교적 쉽기 때문이다. 할

오화자

만하다는 생각이 들어야 재미도 느끼고 잘하려는 욕심도 생기는 법이다.

내가 피아노에 손을 댄 것은 전적으로 우연에 불과했다. 행운은 이렇게 어느 날 갑자기, 우연히 찾아온다. 학생이 된다는 것. 칭찬받고 싶은 마음으로 공부하고 연습한다는 것. 언제나 설레고 행복한 일이다.

명심보감

조선대 평생교육원에서 명심보감 강좌를 수강한 지도 벌써 이십 년이 다 되었다. 아득하다. 결코 짧다고 할 수 없는 시간이다. 환갑을 쇠고 가을 학기에 처음 등록했으니 나의 노년기를 다 보낸 곳이라고 해도 과언이 아니다.

학기마다 사십 명 이상이 수업을 듣는다. 신규 등록자도 있지만 대부분은 수년 이상 다닌 사람들이다 보니 학우로서 다들 편하게 어울린다. 이제껏 거기서 상당히 수준 높은 지성을 갖춘 분들을 많이 만났다. 강의실에서 다양한 사람들과 세상 돌아가는 이야기를 나누다 보면 소소한 대화에서도 많은 것을 얻어 오곤 한다.

나 같은 노인들인데 모두 열정적이다. 강의는 오전 열 시부터 열한 시 오십 분까지인데, 십 분 남짓한 쉬는 시간에도 배운 내용에 대해 서로서로 물어본다. 나도 내 지정석을 빼앗기고 싶지 않아 일찍 등교하는 편인데, 여든다섯 세 되신 언니는 강의실에 항상 1등으로 와

계신다. 그 연세에도 모범을 보여 주시는 덕분에 나도 해이해지는 마음을 다잡곤 한다.

오래전에는 순천에서 수업을 들으러 오는 분도 계셨다. 나는 그분의 나이를 듣고 대단하다고 생각했는데, 어느 해부턴가 치매기가 있어서 가끔 집을 못 찾아가셨다. 종종 함께 오던 아들이 내게 전화를 걸어 어머니가 괜찮은지 묻기도 했다. 가끔 그 할머니가 생각난다.

코로나19가 창궐하기 전에는 야외 수업도 자주 있었다. 장미꽃이 만발했던 어느 해에는 다 함께 조선대학교 이공대 앞에 자리를 잡고 앉아서 맛있는 음식을 나눠 먹었다. 봄가을에는 관광이 곧 공부가 될 수 있는 곳으로 여행을 갔다. 전주의 전동성당과 어진박물관이 특히 기억에 남는다. 나는 그때 어진이 뭔지 몰랐다. 우리 수업 회장님이 여태 그것도 몰랐냐고 하길래 "안 배우면 모르지요, 오늘 배워서 아요."하고 웃었다. 나는 어진(御眞)이 임금의 초상화를 말한다는 것을 그때 알았다. 눈으로 보고 귀로 듣고 직접 느끼며 하나하나 배워 간다는 게 이 나이에도 그렇게 좋을 수가 없다.

서원에도 많이 가 보았다. 서원은 옛 선비들에게 학교와 같은 곳이었으니 명심보감 수강생들이 방문하기에 딱 좋은 장소다. 현재 아홉 개의 서원이 유네스코 세계 유산에 등재되어 있다. 나는 이 이 목록을 명심보감 공부 중에 배웠다. 훌륭한 선비들이 공부했던 곳을 직접 방문했다는

오화자

사실이 너무나 기쁘고 자랑스럽다.

유네스코 세계 유산 등재 서원

서원명	소재지	배향 인물
도동서원	대구 달성	김굉필
도산서원	경북 안동	이황
병산서원	경북 안동	유성룡
소수서원	경북 영주	안향
옥산서원	경북 경주	이언적
남계서원	경남 함양	정여창
무성서원	전북 정읍	최치원
필암서원	전남 장성	김인후
돈암서원	충남 논산	김장생

나주에도 갔었다. 나주평야 일대는 석기시대부터 사람이 거주한 흔적이 남아 있는 곳이다. 이 중 고대 국가 '마한'이 정착했다는 증거가 되는 사십여 개의 고분(古墳, 과거 및 현재의 무덤 중에서 역사적 또는 고고학적 자료가 될 수 있는 분묘)을 '반남 고분군'이라고 한다. 반남면에는 고분군과 나주국립박물관이 마주 보고 있어서 관광하기에 편리했다. 점심을 먹고 버스에 탔는데 TV에서 세월호 참사가 보도되고 있었다. 다들 크게 놀라서 워메, 워메, 하며 걱정했던 기억이 난다. 그때가 벌써 팔 년 전이라는 게 믿기지 않는다.

수업을 들으러 가는 길, 택시를 탔다가 웃지 못할 일도 겪었다. 내가 "이리 갑시다, 저리 갑시다." 하는데도 기사는 엉뚱한 길로 갔다. 참다못해 "아저씨, 조대 한 번도 안 가 봤어요?" 물었더니 기분이 상했는지 순식간에 태도가 냉랭해졌다. 나 같은 할머니가 "조대 갑시다." 하면 기사들은 대부분 조선대 병원에 볼일 있는 사람이려니, 한다. 그 기사도 목적지를 잘못 알아들은 건지, 아니면 내 말을 제멋대로 해석한 건지 나를 병원 앞에다 내려주려고 했던 모양이다. 중앙 도서관 앞에서 내려달라고 했더니, 기사는 다짜고짜 무슨 년 무슨 년 거리며 앞으로 택시 타지 말라고 욕을 퍼부었다. 아침부터 내 돈 내고 이런 일을 당하다니, 얼마나 얼굴이 후끈거리던지 도로 집에 가 버리고 싶었다. 강의실에 도착해 택시에서의 일을 털어놓았다. 학우들은 그 자식 참 나쁜 놈이라며 똥 밟았다고 생각하라고, 위로해 주었다. 할머니에게 대학교 안에 내려 달라는 주문을 받는 것만으로도 그렇게 화가 날 정도면 그도 어떤 불쌍한 사연을 가진 사람이겠거니, 하고 넘겼다.

　이십여 년을 걸어 다니며 명심보감을 수강했지만, 올해 봄부터는 사정이 달라졌다. 나이가 팔 학년이 되니 등하교도 힘에 부친다. 조선대에서 우리 집까지 걸어오려면 조선대부설고등학교 뒤쪽 언덕을 넘어야 하는데 거기 지대가 꽤 높다. 넘어져서 손을 다친 적도 있다. 사람이 많이 다니지 않는 길이라, 숨이 가쁠 땐 잠시 앉아서 진정하기 좋다. 시내의 전경이 훤히 내려다보인다. 차근히 생각을 정리하다 보면 공부하고 난 뒤에 가득 채워져 있는 마음을 느낀다.

그렇게 오래 다닌 길인데도 새삼 다리가 아파서 등굣길에는 택시를 타고 하굣길에는 버스를 타기로 마음먹었다. 내 몸이 앞으로 얼마나 더 아량을 베풀어 줄지는 모르겠지만, 힘닿는 데까지 수업을 들으러 다니고 싶다.

아는 만큼 보인다는 말이 있다. 나 역시 명심보감 강의를 들으면서 정말 많은 것을 배우고 얻었다. 지금 나의 시야는 명심보감을 배우기 전과 비교할 수 없이 넓어졌다. 우선 한문을 오래 익힌 덕분에 대화할 때, 글을 읽을 때마다 편하다. 무언가를 표현하려 할 때도 어휘력이 뒷받침되는 걸 느낀다. 명심보감을 공부한 세월은 나를 '쫄지 않는' 인간으로 만들었다. 든든한 자신감은 내가 공부로부터 받은 보상이다.

풀잎 하나 들꽃 하나도 그냥 지나칠 수 없는 날이 있다. 내게 충분히 공부할 기회가 주어졌다면, 나는 시인도 될 수 있었을 것 같다. 무더운 여름이 지나고 구월이 되면 나는 또 학교에 갈 것이다. 서늘한 바람 속에서 반가운 얼굴들을 다시 만날 것이다.

인생, 홀로 왔다가 홀로 가는 것

언젠가 작은딸이 말했다. "엄마는 대단해." 배움을 향한 내 열정을 두고 한 얘기였다. 아니다 아니다 하면서도 싫지 않은 말이었다. 나이가 들면 몸만 힘들어지는 게 아니다. 괜스레 자신감도 점점 떨어진다. 이제 무리해서는 안 되겠다는 생각에 더는 욕심을 부리지 않으려 한다. 명심보감 수강과 피아노 강습 정도만이라도 되도록 오래 유지하는 것이 목표이다.

황혼에 접어드니 많은 일이 뇌리를 스친다. 오래된 일이지만 사위들에게 모진 말을 한 적도 있었다. 여기에 그 사연을 구구절절 쓸 수는 없지만, 내 마음에 항시 걸려 있는 일이다. 지금은 사위들도 다 너그러이 이해해 주리라고 믿는다. 자식들은 늘 내게 잘한다. 손주들도 다 커서 할머니에게 힘이 되어 줄 정도다. 그러나 어쩐지 쓸쓸하고 외롭다. 인생의 끝자락에 서 있는 사람이라면 누구나 공감할 것이다. 같은 노인이지만 내 눈에도 노인들은 측은하다. 옛이야기를 나눌 수 있는 주위 사람들이 하나둘 세상을 떠나는 걸 보면 나도 꽤 오래 살았나, 싶다. 몸이 늙으니 즐거운 일은 줄어들고 옛 생각만 가득하다. 마음만은 젊음에 머물러 있는 것 같은데……. 어느새 눈물이 늘었다.

입추가 지났다. 폭염도 꺾이는 것이 느껴진다. 혼자

보내는 시간이 많다 보니 먼 산을 바라볼 때도 생각에 잠기곤 한다. 구름이 흘러가는 걸 보면 떠오르는 노랫말이 있다. "뜬구름아, 물어보자. 어머님의 문안을." 인생은 홀로 와서 홀로 가는 것이라고 했다. 앞으로의 생활에서는 남은 생을 천천히 정리해 가려 한다. 보고 듣고 배우고 느낄 때마다 나의 생은 영글었다. 그러나 책으로 만들 수 있을 정도인가? 물처럼 흐르는 이야기가 되기에는 소소하고 단편적이지 않은가? 고민이었다. 나만 아는 이야기를 내가 직접 쓰는 건데도 쉽지 않았다. 막막했다.

  저녁 산책길에서 자서전을 쓰게 도와준다는 현수막을 발견했다. '나는 평생 책 읽기와 글쓰기를 좋아했으니까.' 용기를 냈다. 그 담담한 사실이 나를 시간의 골목골목으로 데려다 놓았다. 많은 것을 잊으며 오늘까지 왔다는 것을 알았다. 그럼에도 내 가슴은 여러 점의 그림을 지니고 있다. 그 그림들은 때로 오늘의 눈동자가 담아내는 풍경보다 생생하다. 여든의 내가 풀어내고 엮어 낸 이야기들은 앞으로도 나를 떠나지 않을 것이다. 내가 썼기 때문이다. 책이 되었기 때문이다. 이 사실만으로도 내 가슴은 벅차오른다. 무엇을 더하겠는가. 충분하다. 나는 행복하다.

  2022년은 나의 자서전을 쓴 해다. 팔십 년 인생에서도 손꼽히게 특별한 해가 되었다. 어디선가 바람이 불어온다. 다시, 가을을 기다리는 시간이다.

어느 더운 날

채소 장사 아저씨가 채소를 싣고
우리 집 앞에 차를 멈추고

열무가 이천 원이요 이천 원이요 한다
아낙들이 우르르 모여든다
약간 시들어서 이렇게 싸요 싸요 한다

어저씨 까만 얼굴에
땀방울이 조랑조랑

어느새 열무는 바닥이 나고
아저씨는 차를 몰고 신나게 간다

웃는 얼굴
내 마음도 좋았다

박복례 朴福禮 이야기

나는 1949년 동짓달 스무여드레 전남 나주에서 2남 3녀 중 장녀로 태어나, 지금까지 집안의 모든 일을 도맡으며 살아왔습니다.

60대 후반, 예기치 않은 손목 골절로 입원과 수술을 반복하였습니다. 언제부터인가 무릎 통증도 시작되어 작년에 양쪽 무릎 연골을 인공 관절로 치환하는 수술을 받았습니다. 현재 통증은 줄었으나 여전히 재활에 힘쓰는 중입니다. 또한 백내장 수술과 비슷한 시기에 찾아온 청각 악화 때문에 생활에 많은 어려움이 있어, 결국 보청기를 구매했습니다. 몸이 늙어 간다는 건 참 두려운 일입니다.

가족들에게 보내는 한마디
항상 건강하고, 사회에 꼭 필요한 사람이 되어라. 언제나 마음속으로 너희의 안녕을 빌어 줄게.

내 인생의 키워드
꿈꾸는 인생은 아름답다. 사랑하고 배려하며 열정을 다해라.

나의 부모님

전남대학교 병원 치매 센터로 향하는 길, 나는 얼굴에 경련이 일 정도로 긴장했다. "엄마는 바쁘게 사니까 그럴 리가 없어."라며 나를 안심시키던, 사랑하는 아들과 딸의 위로를 떠올려도 답답한 마음은 해소되지 않았다. 치매가 아니라는 검사 결과를 받고 나서야 온 가족이 가슴을 쓸어내렸다. 나는 그 뒤로 광주광역시 동구 치매안심센터에서 리더로 활동하며 치매 예방 교육을 받고, 지금도 활발하게 사회 활동에 참여하는 중이다.

우리 가족 전체를 이토록 두려움에 떨게 한 것은 바로 '치매는 50%가 유전'이라는 항간의 속설이었다. 내가 2008년에 치매 초기 진단을 받은 엄니를 모시며 15년간 겪은 사건들은 지면에 다 싣기 어려울 정도이다. 극심한 스트레스로 인하여 나의 마음은 물론 몸까지 병들어 가자, 아들과 딸이 "할머니는 이제 그만 병원으로 모셔야지, 이대로는 엄마까지 잃을까 두렵다."라고 할 만큼 걱정에 걱정을 더하던 나날. 그 시절의 기억을 고스란히 안고 있는 우리 가족에게 치매는 너무나도 무서운 병이다.

치매에 걸려 하루하루 꺼져 가는 등불처럼 기억을 잃다가, 결국 자기 자신마저 잃어버린 울 엄니도 본래는 건강한 분이셨다. 젊을 적 우리 엄니는 올림머리가 규범처럼 여겨지던 1950년대에 긴 머리를 잘라 버리고 파마했던 멋쟁이셨다. 아버지가 자른 머리카락을 다시 이어 오라며 엄니를 얼마나 들볶고 혼냈던지, 엄니는 항상 머리에 수건을 쓰고 다니셨다고 한다.

엄니는 17세에 한 살 연상의 아버지와 중매로 결혼하셨다. 할아버지가 병석에 계셨기에 식을 서둘렀다고 한다. 엄니는 어린 나이에 시집오자마자 아침부터 밤늦게까지 온종일 베틀에 앉아 베를 짜셨다. 젖을 달라며 보채는 내 오빠를 주로 돌본 사람은 할머니였다.

할머니는 성격이 불같은 분이셨다. 아들을 지극히 사랑한 나머지 아들과 며느리를 한 방에서 자지 못하게 하실 정도였다. 할머니의 명령 탓에 아버지는 사랑방에서, 엄니는 시부모님의 방에서 자야 했다는 슬픈 사연도 있다. 아들만 예뻐하고 딸과 며느리는 미워하던 그 옛날 이야기를 들으면 내 마음도 서글퍼졌다.

그런 와중에도 아버지와 엄니에게는 아들과 딸이 하나씩 생겼다. 두 분의 큰딸인 나는 1949년 11월 28일에 나주에서 태어났다. 이후 아버지는 한동안 홀로 군산으로 가 공부에 열중하시더니, 결국 경찰 학교 시험에 합격하여 경찰관이 되셨다.

당시 엄니는 시부모님과 지내고 있었다. 그런데 어느 날 큰집 당숙께서 우리 엄니에게 연락해서는 빨리 아버지에게 가 보라고 하셨다. 엄니는 오빠를 할머니에게 맡기고 나를 등에 업은 채 군산으로 가셨다. 도착해 보니 충격적이게도 아버지는 군산의 자취집에서 다른 여인과 동거 중이었다. 엄니의 등장에 깜짝 놀란 아버지는 여관을 잡아 주며 그곳에서 머무르라고 했단다. 그 후로 어찌어찌하여 아버지는 그 여인과 헤어지고, 가정에 충실하며 사셨다.

알뜰한 엄니는 내조를 잘하여 할머니께 시골 전답을 많이 사 드렸다. 집에는 일꾼이 두 명 있었고, 부엌일을 도와주는 언니 한 명도 있었다. 특히 내가 태어난 후로 집안에 재물이 크게 늘었기 때문에, 어른들은 내가 복이 많다며 이름을 복례라고 지어 주셨다.

행복했던 어린 시절의 추억

나와 여동생은 7살 터울이라, 여동생이 태어나기 전까지 나는 부모님의 사랑을 독차지했다. 덕분에 나의 유년기는 인생에서 가장 행복하고도 그리운 기억들로 가득하다. 어릴 적, 엄니가 손바닥보다 더 큰 갈치의 살을 발라서 숟가락에 얹어 주면 나는 그것을 맛있게 먹었다. 아버지와 엄니 둘이서 내가 누워 있는 포대기의 양 끝을 잡고 그네를 태워 주시기도 했다.

아버지는 퇴근길에 항상 내가 좋아하는 비과라는 과자를 사 와서 찬장 서랍에 넣어 두셨다. 아버지는 입버릇처럼 "너는 공부를 잘하니 이화여대에 보내 주겠다."라고 말씀하셨다. 그 때문인지, 아버지는 엄니에게 나한테 집안일은 아무것도 시키지 말라고 당부하셨다.

나는 군산에서 유치원을 다녔고, 군산중앙공립국민학교에서 입학식을 치렀다. 그 후 국민학교를 졸업하기 전까지 경찰이셨던 아버지의 근무지에 따라 열다섯 번이나 전학 다녔다. 예쁜 여동생이 태어나고, 내가 책가방을 메고 중학교에 다니던 시절이 지나간 뒤에 4·19 혁명이 일어났다. 세상이 어수선해지자 아버지는 경찰직을 내려놓으셨다.

아버지의 퇴직 후 우리 가족은 광주에서 나주로 이사했다. 나와 아버지의 인연은 거기까지였다. 아버지는 40세가 된 해의 8월 어느 날 고혈압으로 돌아가셨다. 통보나 다름없는 갑작스러운 사건이었다. 18세에 아버지를 잃고 다시 광주로 올라와 직장 생활을 하던 몇 년이 나에게는 참 암울한 시간이었다.

남편과 맺어지다

24세가 되던 해, 나는 나주의 고향 집에 갔다가 엄니에게 뜻밖의 소식을 들었다. 고향 집에 나와 동갑내기인 하숙생이 있다는 이야기였다. 그날 나는 지금까지 함께하고 있는 동반자를 처음 만났다. 바로 그 하숙생이 내 미래의

20대의 내 모습

남편이 된 것이다.

　키만 크고 빼빼 마른 그 청년의 첫인상에서는 매력이라곤 손톱만큼도 찾을 수 없었다. 이제 막 공무원 시험에 합격한 청년은 나의 친정 마을에 첫 발령을 받은 참이었다. 우리 작은아버지가 이장으로 계시던 마을은 하숙집 하나 없는 시골 중의 시골이어서, 외지인 청년이 머물 곳이 없었다. 작은아버지에게서 사정을 전해 들은 엄마가 친정 오빠의 방에서 같이 지내라며 청년을 받아 주셨다.

　동네 어른들은 청년과 나를 맺어 주기 위해 부단히도 애를 쓰셨다. 틈만 나면 내게 청년의 이야기를 꺼내며, 그가 부지런해서 아침이면 넓은 마당도 쓸어 놓고, 두레박 우물에서 물도 한 대야씩 길어 놓고, 술 담배도 안 한다며 귀가 닳도록 칭찬을 쏟으셨다. 특히 작은아버지께서 매우 적극적이셨다.

　내가 고향 집으로 돌아오고 얼마 지나지 않아 설 명절이 되었다. 그런데 그 청년이 하는 말이 글쎄, 식구들에게 나를 소개하고 싶으니 함께 자기 집으로 가자는 것이다. 나는 우리가 사귀는 사이도 아닌데 그게 무슨 소리냐고 되물었다. 그러나 엄마마저 그 집 형편을 살피고 오라며 등을 떠미는 바람에, 나는 할 수 없이 막내 남동생과 함께 청년의 집에 방문하게 되었다.

　청년의 집은 무안에 있었다. 집에 들어가니 방에는

진수성찬이 차려져 있었다. 게다가 이미 시집간 청년 여동생의 식구까지 온 집안사람이 모여 나를 맞았다. 처음 보는 할머니가 재 묻힌 손가락을 내 이마에 찍는 바람에 나는 깜짝 놀랐다. 나는 준비도 없이 갔는데 그 집 식구들은 우리를 결혼할 사이로 보고 있으니 어처구니가 없었다. 바글바글한 집안 풍경에 정신이 쏙 빠졌다. 그렇게 양가 어른들의 적극적인 노력으로 1973년, 나와 남편은 한 식구가 되었다.

잊을 수 없는 사건들

누구에게나 잊을 수 없는 삶의 큰 고비들이 있기 마련이다. 대단한 사건 없이 평이하게 살아온 것 같았던 나도 돌이켜 보면 엄청난 위기를 세 번이나 겪었다.

첫째는 고향 집에 불이 났을 때였다. 결혼한 지 얼마 되지 않은 어느 날, 나는 친정 인근의 남평장에 갔다. 물건을 한가득 사 들고 오는데 먼 하늘에 연기가 자욱한 게 보였다. 불안한 마음에 발걸음을 서둘러 동네에 들어가자, 부지런히 물동이를 나르던 마을 사람들이 나를 보고는 우리 친정집에 불이 났다고 알려줬다. 청천벽력 같은 소식에 정신없이 집으로 달려가 보니 초가집은 완전히 타서 내려앉고, 집안 살림살이가 모조리 마당에 널브러져 있었다. 전기

박복례

ⓒ 이유진

누전으로 집에 불이 나자 혼자 집을 지키고 있던 남편이 세간을 빼내고 탈출한 것이었다. 집은 몽땅 타버렸지, 동네 사람들은 불길을 잡느라고 소란이지, 난리도 그런 난리가 없었다.

두 번째 위기는 첫째를 낳을 때의 일이다. 눈이 펑펑 오던 1975년 1월, 나는 집에서 첫째를 분만했다. 면사무소 가족계획 요원인 박 여사가 찾아와 산파 노릇을 해 주셨다. 그러나 나는 진통이 시작된 지 이틀이 지나도록 출산하지 못했다. 사람들이 나를 병원으로 옮기기 위해 택시를 부르러 갔을 때, 마침내 큰아들이 세상 밖으로 나왔다.

아기는 무사히 태어났지만 나는 하혈을 심하게 했다. 가족들은 막 낳은 아기를 내 동생과 친구들이 놀고 있는 방으로 보내고 나를 간호했다. 다행히 곧 하혈이 멈췄고 몸이 회복되어, 나는 그 뒤로 아이를 둘이나 더 낳고 지금까지 잘 살고 있다. 내 동생은 지금도 막 낳아 씻겨놓은 첫째가 우유처럼 희고 예뻤다고 회상한다.

마지막은 남동생이 5·18민주화운동이 한창이던 광주로 들어가 사라진 사건이다. 1980년에 내가 막내를 낳은 직후, 광주에서 5·18민주화운동이 발발했다. 그런 와중에 당시 중학교 3학년이었던 남동생이 막 빨아 놓은 운동화를 신고 사라져 버렸다. 엄니와 친척들은 날마다 동생 소식만을 기다렸다. 애간장 녹는 일주일이 지난 후 겨우 동생과 연락이 닿았다. 동생은 멋모르고 시민군을 따라갔다가 총탄이 날아다니는 도시에서 겨우 빠져나와, 지금은 영암의 약국으로 피신했다고 했다. 막내가 무사히 살아 있다는 소식에 엄니는 나와 얼싸안고 한참을 웃다가 울다가 했다.

　지금 생각해도 참 아찔한 사건들이다. 그나마 가족 중 죽거나 다치는 사람 없이 지나가서 얼마나 다행인지 모른다.

문구사를 경영하며

박복례

　삼 남매가 태어난 후, 우리 부부는 시골 생활을 청산하고 광주에서 사업을 시작했다. 지금의 서석초등학교 인근 꾀죄죄한 자리에 건물을 구해 문구사를 열었는데, 사업 초반에는 상당한 고초를 겪었다. 이제 막 사업을 시작한 우리가 남을 의심할 줄 몰랐던 탓이었다. 물품 거래 계약을 체결하고 며칠 후 약속 장소에 가 보니 건물에 빈 상자만 가득했다. 또한 값나가는 물건은 자기들이 다 빼돌리고 우리에게는 싸구려 물품만 넘기는 사기도 당해 봤다.

　이런저런 우여곡절과 함께 시작했지만 다행히 장사는 잘되었다. 덕분에 우리는 35년이나 문구사를 운영했다. 아침이면 몰려드는 학생이 얼마나 많은지, 마치 사람으로 만들어진 파도가 치는 것 같았다. 학생 수가 하도 많아 한 학년에 15반까지 있었고, 교실이 부족해 2부제 수업을

사랑하는 동반자와 함께

하던 시절이었다. 우리 부부에 남동생과 여동생, 친구의 부인까지 다섯 명이 문구사에 모여 아침마다 한 시간 동안 전쟁을 치렀다. 아줌마, 아저씨 하고 목소리를 높이는 수많은 아이들에게 둘러싸였던 그때가 나의 전성기였다.

    얼마나 정신없이 살았는지, 문구사를 운영하던 35년 중 10년은 기억에서 통째로 사라져 버렸다. 식사 한 번 제시간에 못 하고 문구사 일에만 매달리는 동안 시간이 쏜살같이 흘러버린 것이다. 나는 마흔다섯이 다 되어서야 겨우 삶을 뒤돌아볼 여유가 생겼고, 취미 교실도 다니게 되었다.

    그렇게 바쁘게 살면서 나는 오만 가지 사건을 다 겪었다. 구매한 학용품을 고장 내고는 바꿔 달라고 찾아오는 녀석이 있지를 않나, 한 번은 손님에게 사기를 당한 적도 있었다. 어떤 사람이 찾아와 인쇄 수백 장을 맡기더니, 인쇄물을 찾으러 올 때 갚겠다면서 10만 원을 빌려 달라고 했다. 나는 그를 믿고 10만 원을 건네주었다. 그러나 아무리 기다려도 그 사람은 인쇄물을 찾으러 오지 않았다. 나는 사기꾼에게 깜빡 속아 넘어가 종이도 낭비하고 10만 원도 잃은 셈이었다.

    수입 장난감 총이 유행할 때 일어났던 일들이 특히 기억에 남는다. 컴퓨터나 스마트폰 같은 놀거리가 없을 때여서일까? 아이들은 장난감이 그렇게도 갖고 싶었는지, 걸핏하면 우리 문구사의 물건을 훔쳐 도망치곤 했다.

박복례

하지만 작고 값싼 것들이라면 또 모를까, 장난감 총은 문구사에서 손꼽히는 고가의 물품이었기 때문에 도난당한 것을 모를 수가 없었다.

  남편은 도매상에 물건을 사러 가고, 나 혼자 가게를 보던 날이었다. 돌아온 남편이 뜬금없이 나에게 장난감 총을 팔았냐고 물었다. 어떤 학생이 장난감 총을 들고 가게에서 나가는 걸 봤다는 거였다. 그제야 나는 문구사를 구경하다가 아무것도 사지 않고 나간 아이 한 명이 떠올랐다. 내가 다른 손님을 상대하는 사이, 그 아이가 장난감 총을 훔쳐 갔던 것이다.

  이튿날 나는 아이들의 하교 시간에 맞추어 서석초등학교 정문 앞에서 있었다. 범인을 찾아내는 건 어렵지 않았다. 아이를 가게로 데려와 무릎 꿇려 놓고 부모에게 연락하자, 아이의 엄마가 헐레벌떡 달려왔다. 나에게서 자초지종을 들은 학생의 엄마는 아들의 손을 잡고 가게 뒤로 가더니, 대단히 점잖은 태도로 아이를 꾸짖었다.

  "장난감 총이 가지고 싶으면 사 달라고 말을 하지, 왜 그랬니?"

  듣고 있는 내가 겸연쩍을 정도로 침착한 목소리였다. 만일 내가 그 상황이었다면 앞뒤 가리지 않고 흠씬 두들겨 패 주었을 것 같은데, 참 대단한 엄마였다. 혼쭐이 난 아이는 울음을 터뜨리며 이번 도둑질이 처음이 아니었다는 사실을 고백했다. 결국 그 우아한 엄마는 지금까지 아이가 훔쳤던 물건 값을 모두 계산한 후에 돌아갔다. 어쩜 저리도 교양이 넘칠까 감탄했는데, 알고 보니 어느 학교 교감의 부인이었다.

장난감 총과 얽힌 사건은 이뿐만이 아니었다. 어느 날에는 아이 한 명이 갑자기 장난감 총 두 개를 집어 들고 가게 밖으로 도망쳤다. 놀란 나도 가게를 버려두고 아이를 쫓았으나, 신발도 제대로 못 신은 상태로 아이의 속도를 따라잡기에는 역부족이었다. 그런데 마침 저 멀리 조선대학교 후문 쪽에 대학생들이 보였다. 나는 그리로 도망치는 아이를 좀 잡아 달라고 소리쳤다. 아이는 결국 대학생들에게 붙잡히고 말았다.

아이를 데려와 빨리 부모님께 연락하라고 꾸중했더니, 한참 망설이던 아이는 어딘가로 전화를 걸었다. 잠시 후 가게로 달려온 사람은 아이의 누나였다. 부모가 아니니 더 따지기도 민망했다. 결국 나는 아이들을 좋은 말로 타이르고 보내 주었다.

당시 장난감 총은 완제품이 아닌 조립식 제품이 많았다. 그래서 장난감 총을 산 아이들은 남편에게 조립을 맡기고, 며칠 후 찾아와 완성된 총을 가져가고는 했다. 그날도 남편은 부탁받은 장난감 총 조립에 열중하고 있었다. 그런데 남편의 정신이 팔린 틈을 타, 총 조립을 맡겼던 아이들이 진열장을 열고 그 안의 현금 10만 원을 훔쳐갔다. 뒤늦게 알아차린 남편이 자전거를 타고 온 동네를 돌아다니며 아이들을 찾았지만 허탕이었다.
　그런데 다음 날, 이 간 큰 애들이 당당하게 우리 가게로 돌아왔다. 맡겨 놓은 총을 찾기 위해서였다. 남편 없이 나 혼자 가게를 보고 있었기 때문에 들키지 않으리라고 착각한 모양이었다. 그러나 이미 자초지종을 알고 있었던 나는 아이들을 붙잡고 벌을 세웠다. 이런 상황 앞에서 아이들의 반응은 거의 비슷하다. 처음에는 발뺌하다가, 부모님에게 연락이 가고 분위기가 심각해지면 결국 겁을 집어먹고 실토하기 마련이다. 이 대담한 아이들도 마찬가지였다. 훔친 돈의 대부분은 갖고 싶었던 물건들을 사는 데 써 버렸고, 남은 돈은 학교에 숨겨 놓았다며 울고불고 난리가 났다. 이전에도 가게 물건을 훔친 적이 있다는 자백까지 이어졌다. 그렇게 우리는 10만 원과 사라진 물건들의 값까지 변상받았다.
　그 무렵, 이런 일도 있었다. 내가 문구사에서 판매할 물건을 구하기 위해 서울로 올라갔을 때였다. 고속버스에서 내려 지하철을 탔는데 토요일이어서인지 사람들이 매우 많았다. 나는 이리 치이고 저리 치이다가 환승할 역에서 겨우 내렸다. 그런데 내 가방이 크게 찢겨 나가 있었다. 깜짝 놀라 살펴보니 가방에 넣어둔 지갑이 사라져 있었다. 소매치기를 당한 것이다. 지하철에서 현금 110만 원을 잃어버리다니, 황당하기 그지없었다. 서울에서는 눈 뜨고도 코를 베인다던 옛말이 떠올랐다.

서울에 살던 여동생에게 하소연하자, 여동생은 그 사람들이 언니 얼굴을 면도칼로 긁어 버리지 않은 것만도 다행이라고 했다. 나는 별수 없이 여동생에게 돈을 빌려 물건을 사 와야 했다.

수많은 사건을 함께한 문구사도 35년 만에 결국 문을 닫았다. 어린 손님들이 바글바글한 풍경도 사라진 지 오래였다. 서석초에 다니는 학생 수가 전성기에 비해 10분의 1에 가까이 줄어든 탓이었다. 은퇴를 결정하고 정들었던 가게를 부동산에 내놓았을 때는 말로 표현하기 어려운 마음이 들었다. 마치 앞으로도 영원히 운영될 것처럼 신상품으로 가득 채워진 가게 내부의 모습이 눈에 밟혔다.

모든 비품을 복지관과 교회에 기부한 후, 우리는 마침내 오랜 세월 운영해 온 문구사를 완전히 정리했다. 지금도 꿈속에서는 구름처럼 몰려든 아이들이 아줌마, 아저씨 하고 부르는 소리가 들려온다.

새로운 집, 강아지들, 세 아이

정신없이 사는 와중에도 좋은 일들이 있었다. 주택청약부금에 가입하여 생애 처음으로 아파트 청약을 넣었는데 당첨된 것이다. 광주에 정착한 지 10년쯤 지났을 때의 일이었다. 온 식구가 얼마나 기뻐했는지, 정말 꿈같은 나날이었다. 도시 개발이 얼마 진행되지 않았던 시절이어서, 아파트가 설 자리에 가 보니 공동묘지가 여기저기 널린 산속이었다.

그로부터 몇 년이 지나 아파트가 완공되었다. 우리는 마침내 꿈에 그리던 봉선동 금호아파트 1차 106동 1403호에 둥지를 틀었다. 그동안 좁은 방에서 지내던 세 자녀에게 방을 하나씩 줄 수 있다는 점이 가장 기뻤다. 아침이면 다섯 식구 모두 출근과 등교를 하여 각각의 일에 충실하고, 저녁이면 안락한 보금자리로 돌아왔다. 그때는 봉선동의 교통이 좋지 않아 만원 시내버스를 타고 다니는 것이 제법 힘들었다.

금호아파트에서 살던 시기, 사위의 본가에서 태어난 강아지 중 두 마리를 우리가 데려왔다. 참 귀엽고 예뻤다. 나는 강아지들에게 각각 만득이와 만순이라고 이름을 붙여 주었다. 낮이면 식구들이 나가 버리고 빈 집에 둘만 남겨져서 심심했는지 강아지들은 사고를 많이 쳤다. 어느 날에는 싱크대 위에 널어놓은 참깨를 바닥으로 끌어내려 먹어치우고는 베란다에 똥을 싸 놓았는데, 그 모양이 꼭 깨엿 같았다.

강아지들을 키우면서 잊을 수 없는 일도 있었다. 어느 한밤중, 잠을 자던 나는 만득이와 만순이가 거칠게 짖는 소리에 눈을 떴다. 놀라서 안방에서 나와 보니 현관문 앞에 모르는 청년이 서 있었다. 나는 양쪽 겨드랑이에 만득이와 만순이를 껴안고는 청년에게 누구를 찾아왔냐고 물었다. 청년은 ○○의 집이 아니냐 물었다. 내가 모르는 이름이었다. 혹시나 첫째의 친구일까 싶어 계속 대화를 나누었는데, 지지부진하게 시간이 흐르자 그 청년은 잘못 알고 온 것 같다며 돌아 나섰다.

"가자."

청년이 그 말을 하자, 복도의 보이지 않는 곳에 서 있던 또 다른 남자가 그의 뒤를 따라나섰다. 그제야 나는 무언가 이상하다는 생각이 들어 경비실에 전화하고 식구들을 깨웠다. 평소 겁이 없고 의심하지 않는 내 성격 덕분에 위기를 잘 넘긴 것 같았다. 그 시간대에는 새벽 기도를 가는 집이 많아서 현관문이 잠기지 않은 집을 노리고 온 불청객이었을지도 몰랐다. 침착하게 대처한 나 자신과, 낯선 이들을 경계한 두 강아지가 참 대견했다.

그런 사건을 겪으며 우리 가족은 금호아파트에서 4년을 살았다. 아파트를 매도한 후에는 지금 살고 있는 이층집으로 이사를 왔다.

나는 아이들을 양육하며 배려와 양보를 강조하였고, 항상 친구들과 사이좋게 지내라며 타일렀다. 부모로서 인성 교육만큼은 잘 시킨 것 같지만, 이제 와 생각해 보면

© 이유진

왜 그렇게 엄하게만 대했을까 후회되기도 한다. 아이들의 요구를 다 들어주지 못하며 키웠던 것이 지금도 마음에 걸린다. 많은 사연이 있었지만 그래도 삼 남매 모두 착하고 성실한 인물로 커 주었다.

특히 하나 있는 딸은 음악에 재능을 보였다. 딸은 일찍부터 MBC 합창단에서 활동하고, 호남예술제에서 6년 동안 금상과 은상을 수상했다. 한국음악협회에서 주최하는 대회에도 나갔다 하면 입상했다. 지금도 그때를 생각하면 뿌듯하다.

장성한 삼 남매는 모두 결혼하여 분가했다. 현재 장남은 광주, 딸은 수원, 차남은 아산에서 살고 있다. 첫째는 결혼하고 지금껏 20년이 다 되도록 주말마다 우리 집을 찾는다. 우리 엄니도 생전 자신을 데리고 외식도 다니고 말벗도 되어 주던 첫째를 너무 좋아하셨다. 첫째뿐만 아니라 며느리와 손자들까지도 정성으로 봉양하니, 첫째의 식구들을 보면 싱글벙글 웃으시던 우리 엄니가 생각난다.

엄니의 치매와 간병 생활

2008년, 홀로 계신 엄니께서 이상한 행동을 보이기 시작하셨다. 밤새도록 열 번이 넘게 전화를 걸어 통장이 없어졌다느니, 사촌 오빠가 가져갔다느니 하며 안 하던 욕까지 하셨다. 친정집에 간 막냇동생이 전하기를, 통장이 그 자리에 그대로 있는데도 엄니가 통장을 찾지 못하고 계셨다고 했다. 게다가 방 밖으로 나오려고 하시지를 않아 외출을 하려면 한 시간이 넘도록 설득해야 했다.

아무래도 이상해서 나는 엄니를 병원에 모시고 갔다. 정밀 검사 결과, 엄니는 알츠하이머 초기였다. 큰딸인 내가 엄니를 보살피기로 했다. 나는 호남대학교에서 요양보호사 교육을 받고 매일같이 나주 친정집에 오가며 엄니를 돌보기 시작했다.

그러던 어느 날, 엄니는 화장실에서 발을 씻다 넘어져 대퇴부의 뼈가 박살나는 중상을 입으셨다. 그 사고로 엄니는 나주중앙병원에서 인공뼈를 삽입하는 대수술을 받았다. 내가 엄니의 간병인이 되어 병원에 머물렀다. 엄니는 사고의 충격 때문인지 헛소리를 하시고 망상 증세까지 보이셨다. 나는 병원에서 지내는 한 달 동안 오로지 엄니에게만 모든 시간과 힘을 쏟아야 했다. 나의 다른 일상은 완전히 정지되었다.

엄니의 퇴원 후에는 상록수요양원에서 요양보호사 한 분이 주기적으로 찾아와 엄니를 보살펴 주셨다. 하지만 엄니가 언제 영영 떠나게 되실지 모르는 상태였기 때문에, 나는 간병 생활을 계속 이어 나갔다. 아침이면 집안일을 대강 해 놓고 엄니의 집으로 향했다. 해를 거듭할수록 엄니의 상태는 점점 더 악화되었고, 내가 집안일을 돌보지 못하니 우리 집은 엉망이 되어 갔다.

　나는 결국 엄니를 우리 집으로 모시기로 했다. 그런데 엄니를 모셔 온 첫날밤부터 사건이 터졌다. 한참 자다가 깨어 보니 엄니가 보이지 않았다. 우리 가족은 곧장 112에 신고하고 잠옷 바람으로 뛰쳐나가 엄니를 찾았다. 다행히도 누군가 엄니를 발견하고 신고해 주어서 금남지구대로부터 연락이 왔다. 우리 집 베개를 안고 활짝 웃으며 경찰차에서 내리는 엄니는 아흔이 넘은 노인이 아니라 세 살 먹은 아기처럼 보였다. 엄니의 가출은 그 후로도 몇 번이나 반복되어 나를 힘들게 했다.

　그런데도 엄니는 대개 주변을 배려하며 얌전하게 행동하셨다. 주간보호센터 선생님들 사이에서 '착한 치매' 환자라고 칭찬이 자자할 정도였다. 엄니는 언제나 방실방실 웃고, TV에서 노래가 나오면 아이처럼 손뼉을 치며 노래를 따라 불렀다. 진즉 우리 집에 모실걸, 나는 그 생각을 못 하고 5년 이상 생고생을 한 셈이었다.

　엄니를 몸으로 모신 건 나지만 경제적인 뒷받침은 모두 남동생이 했다. 그 정성이 얼마나 극진했는지, 다른 건 다 잊어버린 엄니도 남동생이 어디에서 무슨 일을 하고 사는지는 잊지 않았다. 그런데 남동생이 우리 부부에게 명절 동안이라도 좀 쉬라며 자신의 집으로 엄니를 모시고 간 날이었다. 하필 그날 엄니는 남동생의 집 화장실에서 넘어져 손목이 골절되었다. 소식을 듣고 부랴부랴 달려가

박복례

보니 인지 능력이 떨어지는 엄마는 팔의 임시 깁스를 뜯어내려고 애쓰고 계셨다.

    그 사고 이후로 엄마의 증세는 걷잡을 수 없이 악화되었다. 6년간 엄마를 지켜보던 주간보호센터에서도 엄마를 병원에 입원시키는 게 좋겠다는 소견을 전했다. 말이 권유지 통보나 다름없는 강경한 이야기였다. 급기야 엄마의 몸에 욕창까지 생기자, 나도 하는 수 없이 엄마를 요양 병원에 입원시키고 주 2회 문병을 다니기로 했다. 병실에서 맛있는 것을 입에 넣어 드리고 이야기를 나눌 때면 엄마가 얼마나 좋아하셨는지 모른다.

    그러나 코로나19의 감염자가 늘어난 뒤로 요양 병원 면회가 금지되었다. 2년 동안 나는 엄마와 영상 통화로만 만날 수 있었다. 그동안에도 엄마는 점점 더 기억을 잃어 가셨다. 결국 나까지 잊어버렸는지, 엄마는 통화 화면 속 나를 할머니라고 불렀다.

    오래되지 않아 병원에서 엄마가 위급하다는 연락이 왔다. 내가 급히 뛰어갔을 때 엄마는 눈도 제대로 뜨지 못하고 고통 속을 헤매고 계셨다. 결국 엄마는 2021년 1월 24일에 우리 곁을 떠나셨다. 나는 엄마의 사망 이후 며칠 동안 고개도 제대로 돌리지 못할 정도로 앓았다. 지금도 돌아가신 엄마가 보고 싶다. 눈물겹게 그리운 울 엄마. 예전에는 종종 내 꿈속에 찾아와 주셨는데, 요즘에는 뜸하시다.

2017년, 치매 극복의 날 제1회 수기 공모전이 열렸다. 공모전 소식을 들은 나는 방에 들어앉아 내가 겪은 일들을 사실 그대로 써 내려갔다. 그런 나의 수기가 최우수상에 뽑혔다는 연락을 받았을 때는 얼마나 기뻤는지 모른다. 전화로 수상 소식을 알려 준 직원이 말했다.

"어머님, 그날 예쁘게 입고 오세요."

"왜요?"

"최우수상 수상자는 문화전당 운동장에서 수기를 낭독해야 하거든요."

나는 한참을 고민했다. 고단하고 바쁜 세월을 살며 뚱보가 되어 버린 몸으로 무얼 입어야 할까. 결국 나는 첫째의 결혼식을 위해 맞추었던 고운 한복을 꺼내 입었다. 그리고 연습도 없이 수기집만 덜렁 들고 국립아시아문화전당 운동장의 단상 위로 올라갔다.

자리에는 수천 명이 모여 있었다. 그렇게나 많은 사람 앞에서 글을 낭독하는 경험은 생전 처음이었다. 나는 완전히 얼어붙어 버렸다. 차분한 태도로 감정을 담아 읽어야 했는데, 너무 긴장한 나머지 교과서를 읽듯이 줄줄 글을 읊어 버렸다. 그래도 수기를 끝까지 읽고 나자 사방에서 박수가 쏟아졌다.

사랑하는 가족과 남동생, 친하게 지내던 아우들까지 찾아와 축하 인사와 꽃다발을 건넸다. 엄니 덕분에 이런 영광의 날도 찾아오는구나. 내 생에 잊지 못할 감동의

박복례

ⓒ 이유진

박복례

2017 치매극복의 날 기념식

순간이었다. 15년간 엄니를 모시며 몸과 마음이 모두 무너져 가던 긴 시간의 고통이 씻겨 내려가는 기분이었다.

나의 최근 생활

엄니를 모시며 고생한 탓일까. 나는 지난 10년 동안 다리가 많이 아팠다. 발뒤꿈치부터 허리까지 타고 올라오는 통증이 너무 심해서, 연골 주사를 몇 번이나 맞으며 통증을 달랬다. 아들 친구가 운영하는 정형외과에서 무릎에 차오른 물을 주사기로 빼기도 했지만, 나중에는 화장실도 못 갈 정도로 극심한 통증에 시달렸다.

그런데도 겁이 나서 수술을 미루다가, 결국 작년 3월이 되어서야 인공 관절 치환 수술을 받았다. 양쪽 무릎을 순서대로 수술하며 한 달이 넘게 입원해 있었다. 남편이 나를 간호하겠다고 나섰다. 그러나 전문적인 간병 경험이 없다 보니, 남편도 나도 지칠 데로 지쳐서 참 힘들었다. 몇 년씩 병원 신세를 지는 사람들은 대체 어떻게 이겨 내는 건지 의문이 들었다.

병원 생활을 오래 하다 보니, 좋은 사람들과 새로운 인연도 맺었다. 나와는 또 다른 인생이 있다는 것도 새삼스럽게 알게 되었다. 끔찍했던 고통은 수술 후 말끔히 사라졌다. 차일피일 수술을 미룬 것이 후회될 정도였다.

그래서 지금은 수술을 주저하는 사람들을 만날 때마다 하루라도 젊을 때 수술하고 재활해야 한다고 조언하고 있다.

최근 나는 반듯해진 다리로 마음껏 걸어 다니며 삶을 즐기고 있다. 한곳에서 40년 넘게 살고 있지만, 다른 곳으로 이사하고 싶은 생각은 없다. 교통도 편리하고, 중앙도서관이 바로 옆에 있어서 책을 보러 가기도 좋은 장소이기 때문이다.

요즘은 동구 노인복지관에서 취미로 하모니카와 요가를 배우고 있다. 푸른길에서는 10년째 챠밍댄스 수업을 듣는 중이다. 중앙도서관에서는 한문서예와 일어를 공부하고, 책사랑회에도 참여하고 있다. 또한 건강을 위해서 일주일에 세 번씩 수영장을 다닌다. 한국화, 캘리그래피, 연필 인물화……. 무엇이든지 좋으니 더 많이 배우고 싶다.

3년 전, 우리 부부는 복지관에서 6개월간 진행한 프로그램 '꽃보다 부부'에 참여하였다. 특히 리마인드 웨딩 사진을 찍었던 것은 지금도 잊을 수 없는 추억이다. 이 동구청 자서전 사업도 그만큼이나 소중하고 뜻깊은 기억으로 남을 것이다.

나에게 남은 소망은 코로나19가 없는 세상에서 마스크를 벗고 마음껏 웃는 것이다. 코로나19 때문에 투병 말기에는 제대로 얼굴도 보지 못했던 울 엄니가 그리워진다. 거기서는 아픔 없이 잘 계실까?

나이 일흔이 넘어 인생을 돌아보니 많은 것을 뉘우치게 된다. 그러나 다른 한편으로는 나도 꽤 멋진 삶을 살아왔다며 스스로 위로도 해 본다.

어려운 조건 속에서도 바르게 자라 각자 가정에 충실하며 성실히 살고 있는, 사랑하는 내 분신 삼 남매. 또한 며느리, 채은, 민재, 서연이에게도 참 고맙다고 전하고 싶다.

마지막은 남편에게 보내는 말로 마무리한다. 무뚝뚝한 내 성격 탓에 따뜻한 말 한마디 못 해 주고 외롭게 하여 미안하고, 남은 인생이라도 서로 사랑하며 잘 살아 봅시다.

이향연 李香連 이야기

저는 전라남도 장흥군 부산면 용반리에서 1943년 1월 17일에 태어났습니다.

저는 요즘 정원에 핀 꽃을 보는 맛에 삽니다. 정원을 보고 있으면 시간에 따라 풍경이 어떤 모습으로 변하는지 알 수 있어요. 수요일에는 수강 중인 시 수업에서 시를 읽고 쓰며 여유로운 시간을 보내고 있습니다.

가족에게 보내는 한마디
지금까지 함께 살아 준 남편 김정환(金丁煥)에게
고맙습니다. 사랑하는 소영, 재준, 은영, 재인아 남에게
피해 주지 말고 정직하게 주어진 삶에 최선을 다하며
살거라.

내 인생의 키워드
정직, 배려, 사랑

나의 뿌리

나는 전라남도 장흥군 부산면 용반리에서 태어났다. 과거 용반리는 서쪽에는 인천이씨가 동쪽에는 최씨가 집성촌을 이룬 곳이었다. 다른 성씨들도 몇 집 있었다. 그들을 모두 합해 220세대가 모여 사는 제법 큰 동네였다.

우리 동네같이 산 좋고 물 좋은 동네는 없었을 것이다. 한쪽에는 기역산, 다른 한쪽에는 유치면을 둘러싼 산이 있어서 녹음이 두 마을을 안고 있는 형태였다. 옆으로는 탐진강이 흘렀는데 지금은 식수를 보급하기 위해 유치면 산자락에 보를 막아 예전보다 물이 많이 흐르지 않는다고 한다. 어릴 땐 어두워지면 친구들과 탐진강 줄기로 목욕하러 가곤 했다. 서로 물장난치고, 서로의 얼굴을 보며 웃고, 시답지 않은 수다를 떨던 시간이 지나고 보니 큰 행복이었던 것 같다.

할아버지의 호는 지천이고 존함은 이현근이시다. 할아버지는 부산면 소재지에서 한약방을 운영하셨다. 직원 한 사람을 두고 일하셔도 항상 바쁘셨다. 한약방에 찾아온 환자들에게 약을 두 첩 이상 지어 주지 않으셨는데 두 첩을 먹고도 회복되지 않으면 다시 와서 약을 지어 가라는 것이 할아버지의 신조였다. 환자의 상태를 지켜보며 그에 맞는 약을 처방하기 위함이었다. 환자 입장에서 진찰하는 점이

이향연

ⓒ 전승연

호평을 받아 할아버지는 장흥군에서 모르는 사람이 없을 만큼 유명하셨다. 약값이 없는 환자에겐 물건으로 대신 값을 받기도 하셨다. 대개 형편이 어렵던 시절이라 받은 물건이 희귀한 것은 아니었으나 꿀이나 천이 들어왔던 기억이 난다. 병원이 많던 시절이 아니라 찾아오는 사람이 많아서 그 시절엔 돈을 많이 버셨다. 할머니는 성품이 온순하고 인자하셔서 나와 형제들을 잘 돌봐 주셨다. 할머니의 품 안에서 자라 나와 형제들도 할머니를 잘 따랐다. 종종 어머니와 할머니의 의견이 안 맞으면 우리는 항상 할머니 편에 섰다.

아버지는 육 남매의 장남으로 태어나셨다. 아버지의 호는 지암이고 존함은 이성원이시다. 면사무소에서 직원으로 일하다가 퇴직하셨다. 박정희 정권 때 통일주체국민회의 대의원에 출마해서 당선되셨다. 아버지는 사람이 좋아서 동네 사람들만 보면 밥 먹고 가라, 술 마시고 가라, 대접하시기 일쑤였다. 아버지가 부산동국민학교 사친회장을 하셔서 학교 선생님들, 출장 나온 군 직원, 면 직원들이 집에 밥 먹으러 오는 일이 많았다. 아버지가 사람들을 데리고 오면 어머니와 나는 식솔들과 함께 식사 준비를 시작했다. 쌀밥을 하는 집이 드물다 보니 우체부 아저씨들도 끼니를 얻어먹기 위해 밥 시간대에 맞춰 우리 집에 우편물을 전하러 오곤 했다.

삼촌과 내가 한 살 차이라 어른들은 우리가 싸울까 걱정했다. 어른들의 걱정과 달리 우리는 친구처럼 잘 지냈다. 그래서 집에서 가까운 부산동국민학교가 아닌 할아버지의 집과 가까운 부산국민학교에 다녔다. 유치면산에서 활동했던 빨갱이들이 부산동국민학교에 불을 낸 사건이 있었다. 갈 곳이 없어진 학생 중 남자 친구들은 내가 다니는 부산국민학교로 전학 왔지만 여자 친구들은 졸업을 못했다.

　　우리 집은 명절마다 액을 막기 위해 메구치기를 했다. 고사를 지내고 구경꾼으로 모인 수십 명의 사람들과 함께 닭 두 마리와 대량의 쌀을 넣고 죽을 쑤었는데 그게 그렇게 맛있을 수가 없었다. 지금은 아무리 닭을 많이 넣고 죽을 쒀도 그런 맛이 나지 않는다. 연휴 기간이 길면 시간을 보내기 위해 등산을 했다. 형편이 어려운 친구도 명절을 핑계 삼아 빨간 갑사 치마와 초록 저고리를 차려입고 기역산에 올랐다. 높은 산이 아니라서 가볍게 오르기 좋았다. 날이 따뜻한 추석엔 가을을 맞은 형형색색의 나무를 보며 친구와 수다를 떠느라 바빴다.
　　장흥읍에 서커스단이 온다는 소식을 듣고 동네 오빠들과 친구 몇 명이 모여 20리를 걸어갔다. 가는 길에 고무신이 진흙탕에 빠져 양말만 신고 서커스장으로 향했다. 도착해 보니 서커스는 이미 끝나 있었다. 아쉽지만 다시

아버지 회갑 때 친정 식구들과

돌아가려는데 경찰들이 우리 앞에 와서 장흥에 살인 사건이
일어났고 우리가 의심스럽다며 데려가 조사하겠다고 했다.
지금 생각해 보면 처녀들이 밤늦게 돌아다니니까 놀리려고
그랬던 것 같다.

6·25전쟁

　6·25전쟁 때 낮에는 경찰이, 밤에는 인민군이 동네에
진을 쳤다. 동네 가난한 사람들은 인민군의 말을 듣고 함께
어울렸다. 그들의 공산주의 사상을 들으니 빈부격차 없는
세상을 살 수 있을 거라고 생각했던 것 같다. 인민군은
지주나 잘 사는 사람들을 죽이기도 했다. 그 당시 우리
가족도 잘사는 집안이라 인민군의 대상이었다. 하지만
평소에 부모님께서 동네 사람들을 잘 챙겨서 그런지
인민군들은 우리 식구들을 건드리지 않고 되레 도와줬다.
하루는 어머니가 빨갱이들에게 잡혀갔는데 다행히 다치지
않고 풀려나셨다. 이야기를 들어보니 동네 사람이 손목에
묶인 끈을 풀어 줘서 도망쳐 나오셨다고 했다.
　전쟁이 끝나고 평정이 찾아오니 경찰이 인민군에
가담한 사람들을 골라내서 죽이기 시작했다. 면사무소에
다니는 아버지는 친분 있는 경찰들에게 부탁해 인민군에
가담한 몇 사람을 살려 주셨다고 한다. 인민군들도 우리

집을 도와줬으니, 그냥 넘어갈 아버지가 아니었다. 아직도 고향에 가면 그때 덕을 본 분의 자식들이 자네 아버지 덕분에 우리 가족이 살았다며 고마워한다.

  우리 집은 가진 논밭도 많고 물방앗간을 운영해서 쌀을 넉넉히 보유하고 있었다. 쌀이 귀한 시절이었지만, 정이 많은 부모님께선 사람들에게 기꺼이 쌀을 나눠 주셨다. 집에서 일하는 아줌마들은 무명 치마에 밥을 싸가기도 했다. 나도 부모님을 닮았는지 어렸을 때부터 나눠 주기를 좋아했다. 가난한 친구들과 친척들에게도 쌀을 퍼 주기 일쑤였다. 그때 봤던 얼굴들이 아직 선명한테 현재 그분들은 모두 돌아가셨다.

아버지

  일제 강점기 때 내 이름은 일본어로 다끼꼬, 한국어로 이용자였다. 면사무소에 다니는 아버지가 일제 치하에서 해방되자마자 이름을 바꿔 주셨다. 향기 향, 잇닿을 연, 이향연이라는 이름을 얻었지만, 동네 사람들은 개명한 줄 모르니 용자야, 용자야 하고 부르셨다. 나는 아버지와 20살 차이가 났고, 큰딸이라 아버지께 유난히 예쁨을 받았다. 중학교에 다닐 때 이십 리를 걸어 다녀야 했는데, 장마철이나 눈이 오는 날엔 걸어갈 수 없으니 학교를 가지 못했다. 그러다 보니 결석도 지각도 1등이었다. 그런 날이면 아버지께서 주저 않고 나를 목말 태워 냇가를 건너 주셨다. 집에 일꾼이 많아서 나를 데려다 주라고 할 수도 있었지만 자기 딸을 다른 남정네가 업는 모습이 싫었는지 항상 자신이 하셨다. 죽는 날까지 아버지의 젖은 옷을 잊지 못할 것 같다.

어머니는 9남매를 낳으시고 건강이 쇠약해지셔서 궂은일을 못 하셨다. 대신 손재주가 있어 여름에는 모시 두루마기를, 겨울에는 모직 두루마기를 손수 만드셨다. 키가 크고 몸집이 좋아 옷태가 나는 아버지가 그 두루마기를 입고 나가면 사람들이 쳐다보곤 했다. 하지만 아버지는 술을 마시다 옷을 망쳐 오실 때가 많았고, 어머니의 속도 모른 채 다음 날 깨죽을 드시고야 겨우 일어나셨다. 어머니는 궂은일을 못 하시고 동생들은 어리니 아버지가 출근하시면 물방앗간 관리는 내가 해야 했다. 직공 아저씨의 아침, 점심, 저녁을 갖다 드리고 일을 얼마나 했는지 확인했다.

1960년 19살이 되던 해, 아버지에게 며칠을 졸라 광주 노라노양재학원에 다녔다. 6개월을 다니고 집에 있는 재봉틀로 옷과 적삼을 만들기 시작했다. 이웃들에게 옷을 만들어 주면 삯 대신 그분들이 논밭 일을 해 주었다.

아버지는 폐결핵으로 오래 고생하셨다. 돌아가시기 전엔

광주기독병원에 37일간 입원하셨는데 내가 매일 식사를
갖다 드렸다. 귀찮은지도 모르고 간병했다. 주변에서 나를
보며 효녀가 따로 없다고 말했지만, 아버지의 죽음 뒤에
남는 건 후회뿐이다. 잘못한 것이 떠오르지 않는데 미안한
마음은 왜 남아 있는지 모르겠다.

　유난히 추운 1월 초였다. 시린 계절에 아버지가
돌아가시니 내 몸이 더 굳는 것 같았다. 그 시절엔 집
밖에서 죽으면 객사라고 했다. 그래서 나는 병원에서
돌아가신 아버지 소식을 누구에게도 말할 수 없었다.
숨이 끊어진 아버지의 시체를 봉고차에 싣고 고향집으로
왔다. 집에 아버지를 옮기고서야 친지들에게 임종을 전할
수 있었다. 아버지는 64살의 나이로 세상을 떠나셨다.
바깥일을 즐기기보다 집 안을 손수 청소하시는 일이 많았고
축음기로 노래 듣는 걸 좋아하셨다. 가세가 기울어져
형편이 어려워져도 멋지게 살기 위해 노력하신 분이었다.

결혼

　이 동네 저 동네로 유기그릇을 팔러 다니느라 집집
사정을 속속히 아는 할머니께서 내 결혼을 중매해 주셨다.
장흥우체국에서 일하는 남자로, 삼 형제 중 둘째라고 했다.
처음에 시어머니가 선을 보러 오시고 두 번째는 시아버님이

오셨다. 세 번째가 돼서야 남편이 나를 보러 왔다. 마른 체격에 검은 얼굴이 마음에 안 들어서 나는 시집을 안 가겠다고 했다. 그런데 시아버님께서 이미 사주단자를 가지고 오셔서 되돌릴 수 없는 상황이었다. 결혼하기 싫다는 나에게 어머니는 네가 사성을 그 집에 가져다주고 절로 들어가 살라고 말했다.

   남편이 반지와 코트를 맞춰 주겠다고 장흥읍으로 나오라고 했다. 혼자 나가는 것이 부끄러워 세 살 터울인 여동생을 데리고 나갔다. 그가 극장에 가자고 말하기에 영화를 잘 모른다고 했더니 국산 영화인데요, 라는 대답이 돌아왔다. 그래도 싫다고 거절한 뒤 점심만 먹고 헤어졌다.

   1965년 1월 15일, 눈이 허리까지 쌓인 겨울날에 결혼식을 올렸다. 내 나이 23살, 남편 나이 28살이었다. 동네 총각들이 탈선(혼례에서 부채로 얼굴을 가리고 장가가는 신랑의 부채를 빼앗는 전통혼례 문화의 일종)을 하겠다고 텃세를 부리며 남편을 잡아뒀다. 날도 추운데 새신랑 고생하겠다며 친척들이 말리라고 하기에 나는 놔두라고 고생 좀 해 봐야 한다고 말했다. 남편의 첫인상이 마음에 안 들어서 그때도 불만이 많았다. 결혼식 때는 하얀 두루마기를 입으니 남편의 얼굴이 하얘 보였다. 마당에서 하는 구식 결혼식이었다. 추운데 축사다, 답사다, 뭘 많이 읽는 바람에 힘들어 혼났다.

   1965년 2월 28일, 전남대학교를 수료만 한 상태였던

1965년 2월 28일 남편 졸업식,
전남대학교 교정에서

남편이 졸업했다. 시아버님이 엄하셔서 내가 졸업식에 따라가는 걸 허락하지 않으리라 생각하셨는지 시어머니가 나를 미리 친정에 보내 주셨다. 남편은 시댁에서, 나는 친정집에서 출발해서 전남대학교에서 만났다. 내가 남편의 졸업식에 함께 갔다는 것을 시댁 식구들 누구도 모른다.

    시어머니는 점잖고 누구한테 싫은 소리 한 번 안 하는 분이셨다. 평생 많은 이들의 존경을 받으셨고, 나 또한 시어머니를 존경했다. 시아버님은 엄하셨지만, 그 덕분에 아들 셋 모두 잘 자랐다고 생각한다. 남편은 어머니의 성격을 닮아서 다른 사람 도와주는 것이 몸에 뱄다. 남편처럼 온순하고 좋은 사람을 본 적이 별로 없다. 남편이 시어머니를 닮았다고 느낄 때마다 시어머니께 감사했다. 남편에게서 시부모님의 가르침이 보이니 나도 시댁 식구들에게 잘하려고 노력했다. 내 행동 때문에 부모님께서 욕먹을까 두려웠기 때문이다.
    시댁엔 농사 일이 많아서 새참으로 마실 술을 만들 일도 많았다. 시어머니는 큰 시루에 고두밥을 찌고 누룩을 섞어 막걸리를 만들었다. 쌀과 술을 거를 때 따뜻한 물을 사용하면 술맛이 달라지고 쉽게 상한다. 시어머니는 손이 시려도 항상 찬물로 술을 거르셨다. 누구를 시키기보다 항상 자기 손에 물을 묻히는 분이셨다. 나에게 빨래를 맡길 때도 우리 식구의 빨래만 맡기셨다. 그리고 시어머니는

이향연

내게 칭찬을 아끼지 않으셨다. 너는 사흘 할 일을 하루에 끝낸다며 손이 빠르다고 칭찬해 주시고 반찬을 만들면 매번 맛있다고 하셨다. 옛날 사람치고 혹독한 시집살이 안 시킨 집안은 우리 시댁밖에 없을 것이다. 시어머니는 98세까지 큰집에 사셨는데 우리 집에도 자주 오시고 몇 달 함께 살기도 했다. 내가 시댁에서 사는 동안 잘해 주셔서 좋은 마음으로 모셨다. 어머니의 마음을 오래도록 잊지 못할 것 같다.

　시집살이가 고되지 않은 집안이었지만 나는 결혼하고 3년 정도 시부모님과 살면서 매일 새벽 두 시에 밥을 했다. 시댁은 주위에 산이 없어서 나무가 귀한 동네였다. 그래서 모내기를 끝내면 겨울에 대비한 나무를 미리 구해 두었다. 나는 나무를 구해 오는 머슴의 밥을 차려 줘야 했다. 시어머니께선 저녁에 밥을 해 놓으면 상한다고 새벽 두 시에 일어나서 밥을 하라고 하셨다. 하루는 샘에서 보리쌀을 씻는데 앞이 훤해서 고개를 드니 몸통은 동그랗고 꼬리는 치렁치렁한 물체가 지나가고 있었다. 24살이었던 나는 기절할 정도로 놀랐다. 며칠 후 윗집 할아버지가 돌아가셨다는 이야기를 들었다. 귀신도, 사람도 아닌 것을 봤다고 이야기하니 가족들이 돌아가신 할아버지의 혼인 것 같다고 했다. 몇 년 후에 텔레비전을 보고 내가 본 것이 혼불이라는 걸 알았다. 신이 있는 건지 모르겠지만 혼불만 떠올리면 스물네 살의 어린 내가 새벽마다 힘들게 밥을 차렸던 기억이 난다. 고된 시집살이 없는 집안에 시집을 간 건 다행이지만 새벽 두 시에 일어나는 건 너무 힘들었다.

내 삶에서 가장 기뻤던 날은 1979년, 남편이 총무처에서 시행하는 사무관 시험에 합격했을 때다. 합격을 기원하는 마음으로 떡을 시루에 쪘다. 접시에 기름을 붓고 실을 꼬아서 불을 붙여 시루에 담아놓고 절을 했다. 미신적인 행위였지만 그 정도로 간절한 일이었다. 지푸라기라도 잡고 싶은 심정이었는데 남편이 시험에 합격했다. 날아갈 듯 기뻤다. 세상 모든 고생이 끝난 기분이었다.

귀한 내 자식들

결혼하고 두 딸과 두 아들을 얻었다. 1965년 10월 15일, 큰딸 소영이를 품에 안았다. 장흥 시댁에서 아이를 낳았는데 첫째여서 무슨 일이 생길까 걱정하셨는지 온 집안 여자 어르신들이 방에 모여 계셨다. 소영이는 어려서부터 손이 덜 가는 아이였다. 한글을 가르치기 전부터 혼자 곧잘 터득했고, 학교 공부도 잘했다. 고등학생 때는 선행상을 타기도 했다. 그러다 서울로 대학을 진학하겠다고 하더니 이화여자대학교에 합격했다. 대견한 딸이니 나는 시집을 잘 보내고 싶었다. 여러 사람이 내게 사윗감을 소개해 주고

소영이를 며느리 삼겠다고 말하기도 했다. 하지만 소영이는 아직 혼자 살고 있다. 야무지고 똑똑한 내 딸은 여전히 어디 내놔도 아깝다.

    둘째 재준이는 1968년 4월 9일, 우리 품에 왔다. 어르신들의 가르침을 잘 기억해서 산부인과에 가지 않고 집에서 낳았다. 평소에도 건강하지 않았던 아들이 초등학교 5학년 때 배가 아프다고 했다. 병원에 갔는데 맹장이라고 해서 수술을 받았다. 의사가 수술실에서 나오더니 맹장이 아니라 장폐색이라고 했다. 작은창자가 썩었다는 것이다. 우선 절개 부위를 급하게 꿰매고 전남대학교병원으로 데려다 준다고 했다. 전남대학교병원에서 몇 시간 동안 검사를 했는데 살 확률이 1%밖에 안 된다고 들었다. 세상이 무너지는 기분이라고 하면 그때의 기분이 다 설명될까? 정신없는 와중에 집을 팔아서라도 아이를 살려야겠다고 다짐했다. 그 시절 남편은 여수 전화국에서 일했다. 그는 일주일 동안 재준이를 간호해 주고 갔는데, 얼마나 힘들었는지 며칠을 어지럼증으로 고생했다고 한다. 재준이는 퇴원 후에도 후유증으로 고생을 많이 했다. 지금도 간이 약하고 녹내장으로 눈이 안 좋다. 지금까지 우리 부부와 함께 살고 있다. 우리가 아들 때문에 고생을 많이 한다.

    셋째 은영이는 음력으로 1971년 2월 3일에 태어났다. 남편의 성격을 닮아서 저렇게 착할 수 있을까, 생각할 정도로 순하다. 내가 지인의 아들과 중매를 서서 결혼시켰다. 사위 나성윤은 중흥건설에, 딸은 KT에 다닌다. 사위는 성격도 얌전하고 자기 일을 열심히 한다. 손녀딸 윤아를 낳아서 예쁘게 키우고 있다. 내 자식을 키울 때는 아기가 그렇게 예쁜 줄 몰랐다. 윤아가 피부 알레르기가 있어서 천 기저귀만 입혔다. 남편도 손녀가 예뻤는지 천 기저귀를 빨고, 삶고 정성스럽게 손녀딸을 대했다. 밥도 인스턴트 식품을 먹이지 않으려고 채소 넣은 된장국을 먹여가며 키웠다. 나에겐 우주보다도 더 귀한 존재다. 내 인생이 한스러워 눈물 흘린 날이 많았는데 뒤늦게 웃음을 찾았다. 사랑스러운 손녀딸 나윤아는 올해로 고등학교 2학년이다. 지금처럼 곱게 자라서 다른 사람을 배려할 줄 아는 착한 사람이 되었으면 좋겠다. 어느 날 윤아가 할아버지에게 빨간 자동차를 사 주겠다는 약속을 했다. 그런 마음을 가졌다는 것만으로도 든든하다. 윤아야, 열심히 공부해서 훌륭한 사람이 되어라.

   넷째 재인이는 1974년 5월 29일에 태어났다. 막내라 어렸을 때부터 누나들 뒤꽁무니 쫓아다니느라 바빴다. 어릴 때 쏨쏨이가 커서 걱정했는데 지금은 우리 부부에게 정말 잘한다. 장가를 안 간 것이 마음 아프지만 작은 회사에 다니면서 독립해서 살고 있다. 학창 시절에 열심히 공부하지 않은 것을 이제야 후회하는 것 같다. 그래도 술과 담배를 멀리하며 열심히 산다.

이향연

여수해수욕장에서 셋째 딸 은영, 막내아들 재인과

아이들의 어린 시절을 떠올리면 미안한 마음이 든다. 시댁에서 분가해 살 때 아이가 넷이나 되니 집주인이 시끄럽다며 싫어했다. 어쩔 수 없이 장흥 시댁에 첫째 소영이를 맡겨 놓고 초등학교 입학할 때 데리고 왔다. 엄마의 손길이 필요한 나이에 할머니 아래에서 자라게 한 것이 늘 마음 아프다. 그래도 건강하고 바른 사람으로 자라 주어 고맙다.

남편이나 남의 남편까지 어떻게 해 볼 수 있지만 자식은 어떻게 못한다는 말이 맞는 것 같다. 아이들은 평생 내 자랑이었고 남편과 사는 것도 행복했지만 결혼하지 않은 자식들을 보면 속상할 때가 있다. 다 좋길 바라는 건 욕심인가 보다.

사랑하는 사람들

동생 이영연은 나와 세 살 터울이다. 1945년 8월 18일에 태어났다. 나이 차이가 적어서 그런지 지금까지도 제일 가깝게 지내고 있다. 영연이가 초등학교에 입학하던 날, 줄 서서 자신을 보고 있는 내게 뛰어오더니 학교에서 받은 엿을 나눠 줬다. 나는 유난히 영연이를 질투했다. 시골에서 중학교까지만 졸업하고 집에서 일하는 나와 달리 영연이는 살레시오여자고등학교를 다닌 후 1회 졸업생이 되었다.

방학을 맞아 동생이 장흥으로 돌아오면 나는 동생에게 집안일을 다 맡기고 놀았다. 동생은 자신을 괴롭히는 언니를 이해하려고 노력했다. 내가 시키면 시키는 대로 행동했다. 훗날 동생이 사업한다며 돈을 많이 가져가서 미운 소리도 많이 했지만 힘닿는 대로 갚고 있으니 지금은 사이좋게 잘 지내고 있다.

　동생 이기평은 인정도 많고 성격도 좋다. 하지만 돈 씀씀이가 커서 올케 박영자 여사를 고생시켰다. 그래도 올케의 강한 생활력으로 잘 살고 있다. 올케, 형제 많은 우리 집으로 시집와서 고생이 많고 미안하네.

　동생 이기환은 빈틈없는 사람이다. 올케 허금란 여사가 점잖고 머리가 좋아서 우리 집의 자랑이었다. 아이들도 잘 키워서 딸 둘을 시집보내고 아들은 공무원이 되었다. 우리 남편이 퇴직할 때, 행운의 열쇠를 선물해 줘서 고맙게 생각하고 있다.

　동생 이기득은 사업으로 인해 고생하고 있지만 조금만 더 고생하면 좋은 날이 오리라 생각한다. 영리하고 점잖은 올케 이나미 여사를 만나 아들은 연세대학교에 딸은 이화여자대학교에 보냈다.

　막내 여동생 이영숙은 우리 딸보다 한 살 어리다. 나이 터울이 많아서 그런지 나를 어렵게 생각한다. 아들 하나 낳아서 남편과 잘 살고 있다.

　큰조카 김재일은 묘 관리부터 우리 집안의 일을 대부분

도맡아 한다. 몸이 약해서 두 기증자의 간을 이식받아 살아났다. 앞으로도 건강하게 살길 바라네. 조카 김재홍, 김재형도 나한테 잘한다. 조카 김재업은 나를 만나면 꼭 껴안아 준다. 몸이 많이 아팠는데 건강해지길 바란다. 조카딸 김재숙은 나에게 잘해 준다. 육촌 조카 김재옥은 몇 년 전 산장에서 만났는데 내게 수표 한 장을 쑥 빼서 줬다. 10만 원권인 줄 알았는데 다시 보니 100만 원권이었다. 놀라서 전화했더니 아짐이 우리 엄마한테 잘했잖아요, 라고 말했다. 고마운 사람이다.

    코로나-19가 성행하기 전에는 큰딸의 초등학교 동창 엄마들 모임, 친구 모임, 부부 모임 등 모임이 많았다. 여행도 다니고 맛있는 것도 먹으러 다녔는데 몇몇 사람이 세상을 떠나고 코로나가 번지면서 3년째 만나지 못하고 있다. 어릴 때부터 사람을 좋아하고, 잘 놀고, 가진 것을 잘 나눠 주었는데 지금은 돈도 없고 몸도 아프니 줄 수 있는 것이 아무것도 없다.
    요새 나는 동네 친구들의 도움을 많이 받는다. 삼성아파트에 사는 유혜옥 형님은 내가 힘들 때 물질적, 정신적으로 많이 위로해 줬다. 정조묘 형님과 기애순, 이웃집 최영자 여사를 포함해서 윗동네 엄마들 몇 명이 나와 많은 시간을 함께한다. 특히 훈이 엄마와 김상복 여사가 먹을 것을 잘 챙겨 준다. 형제보다 더 형제 같을 때가 있다. 시댁 동네에서 같이 살았던 이순임 여사는 똑똑한 여자다. 나한테 정말 잘한다. 죽을 때까지 오래오래 변치 않을 우정이다.

고생을 타고난 인생

돌이켜 보면 내 인생은 고생을 타고났다. 50살에 당뇨가 생겼을 땐 받아들이기 힘들어서 사흘을 잠도 못 자며 울었다. 지금까지 남편이 인슐린 주사를 놓아 준다. 척추 3, 4, 5번이 안 좋아서 병원에서 시술하라고 했는데 하지 않고 지팡이를 짚고 간신히 걸어 다닌다.

친척 형제들이 사업한다며 내게 많은 돈을 빌려 갔다. 돈을 빌려 갔으면 갚아야 하는데 지금까지 잘 먹고 잘살면서 빚 갚을 생각을 안 한다. 친구는 자네가 정이 많아서 문제라고 한다. 나도 그때 무슨 생각으로 많은 돈을 빌려 줬는지 모르겠다. 누군가 힘들다고 하면 지나칠 수가 없었던 것 같다. 돈도 돌려받지 못하고, 빌려 준 돈이 오히려 나의 빚이 되자 순식간에 몸무게가 52kg에서 44kg까지 빠졌다. 앉을 수도 없을 정도로 건강이 나빠졌는데 남의 속을 모르는 사람들은 내가 죽을병에 걸렸다는 말을 속닥거렸다.

체신청(현 우정국)에서 일했던 남편의 봉급이 제법

높았다. 1998년에 담양 전화국장 자리에서 퇴직하기까지
쉬지 않고 빚을 갚았는데 이후에 20년 가까이 더 갚아야
했다. 그런데도 다 갚지 못했다. 내 돈이 아까우면 남의
돈도 아까운 줄 알아야 한다는 마음으로 떼먹지 않고
악착같이 갚고 있다. 나는 지금까지도 수면제를 먹는다.
우리 자식들도 함께 빚을 갚아 주느라 고생한다. 남편이
나를 쫓아내지 않고 지금까지 데리고 살아 주는 게 고맙다.

작은 정원

49년 전, 49평 단독 주택을 샀다. 그전까진 지산동
셋방에서 살았는데 집주인 눈치를 살피는 게 보통 일이
아니었다. 이사를 고민하던 차에 시아버님이 도와주신다고
하셔서 집을 살 수 있었다. 정원에 봄이 오면 붉은 동백꽃과
분홍색 장미꽃, 살구꽃, 자두꽃 등 수십 송이의 꽃이
핀다. 남편이 광주 공원에서 직접 사 와서 심은 것들이다.
작년에는 자두꽃이 한껏 피더니 열매가 많이 열렸다.
이웃집, 친구들, 지나가는 사람들과 함께 나눠 먹었다.
올해는 얼마 열리지 않아서 아쉽다. 대신 자목련, 목단
영산홍, 강인하고 끈기 있는 우리나라 무궁화꽃이 50송이
정도 피었다. 국화여서 그런지 무궁화는 언제 봐도 마음이
편안해진다.

이향연

© 전승연

처음 단독 주택에 살 땐 방에 세를 줬다. 49년 전에 우리 집에서 자취하며 야간고등학교를 다닌 장채민 학생이 있는데, 올해 6월 16일에 의대 재학 중인 막내아들을 데리고 찾아왔다. 이전에도 잊을 만하면 찾아오곤 했는데 참 고마운 사람이다. 쇠약한 몸으로 힘들게 살고 있지만 그간 베푼 게 많아서인지 다른 것은 안 남아도 사람이 남는다.

요즘 일상

요새 수요일이면 집 앞에 있는 문병란 시인의 집에서 시를 배운다. 김동휘 선생님과 외국 시, 국내 시를 읽는데 시 속 화자의 삶이 내 삶과 겹쳐 보이면 마음이 뭉클하다. 함께 공부하는 탁정민의 시 「엄마 얼룩소」를 소개하고 싶다. 내 자서전에 자신의 시를 싣는 것을 흔쾌히 허락해 줘서 고맙다.

엄마 얼룩소

　　　　　　　　　　탁정민

나는 오늘도 엄마의 한숨과
걱정으로 하루를 살아냅니다

이
향
연

딸은 엄마의 인생을 닮는다지요
그래서 엄마가 늘
행복했으면 합니다

엄마가 울면 나도 울고
엄마가 웃으면 나도 웃고
파란 하늘에 엄마 얼굴을
그려봅니다
그 옆에 나의 얼굴도 그립니다
우리는 너무도 닮은 얼룩소입니다

이제는 내가 얼룩소가 되어야겠습니다
내가 행복해야 엄마가 웃으니까요

오늘도 엄마 얼룩소는 소리를
지릅니다 조심하고 사랑받고
잘 지내라고
엄마 나도 이제 얼룩소가 되었어
나도 음매 음매 할 줄 알아

시를 읽을 때 작가의 고되고 험난한 삶이 그대로
느껴져서 마음이 아팠다. 가벼운 마음으로 시 수업을

듣기 시작했는데 제법 큰 재미를 느끼고 있다. 시를 읽고 공부하며, 조금 더 젊었을 때 시작했으면 좋지 않았을까 후회스러웠다. 지나간 세월을 돌이킬 수 없지만 돌이킬 수 없다고 아쉬운 마음이 사라지는 건 아닌 것 같다.

코로나-19가 성행하고 3년 동안 목욕탕도 못 가며 조심했는데 남편이 코로나에 걸려 왔다. 8월 8일에 코로나 확진을 받았는데 기저질환자라 몇 배는 더 고생했다.

고난 뒤에는 기쁨이, 나눔 뒤에는 사람이, 겨울 뒤에는 결국 봄이 오는 삶이었다. 아득하게만 느껴졌던 황혼 길에 내가 지금 서 있다. 행복한 길, 슬픈 길을 모두 걸어왔지만, 그 길이 모두 운명의 길이었다고 생각하니 한 걸음, 한 걸음이 소중하게 느껴진다. 자식들 덕분에 웃기도 하고 세상살이 힘해서 울기도 많이 울었지만, 차곡차곡 걸어온 길이 있어서 앞으로 어떤 길을 걸어도 웃으면서 걸을 수 있을 것 같다. 살아온 지혜로 남은 삶은 나를 위해서 살고 싶다.

윤수웅 尹秀雄 이야기

나는 1942년 11월 10일(음력)에 이모님 댁이 있는 나주 노안면 금안리 기만동 마을에서 사대 독자로 태어났습니다.

나는 현재 동구 게이트볼 협회 계림분회 회장을 맡아 봉사하고 있습니다. 회원들과 함께 웃고 놀고 즐기며 아름답게 늙어 가는 노년의 멋쟁이로 살아가고 싶습니다.

가족들에게 보내는 한마디

첫째, 세상의 모든 일은 사필귀정(事必歸正)이다. 결국은 정의로 돌아간다.
둘째, 지덕불고(至德不孤)이다. 참으로 선하면 반드시 좋은 벗을 만나게 된다.
셋째, 정직하고 성실하고 근면하게 살아라.

내 인생의 키워드

하늘을 우러러 한 점 부끄럼이 없기를

피난살이 유년 시절

　일제 말기이던 임오년(1942년) 동짓달 초열흘, 저는 사대 독자로 태어났습니다. 어머님은 저를 낳았던 환희의 순간을 자주 말씀하셨습니다. "아랫도리에 철렁한 것이 보이드라마다, 어찌나 기쁜지. 내 머리맡의 미역국과 동지죽에서 김이 모락모락 나던 게 아직도 생생해야." 귀한 출생과 달리, 제 인생은 그렇게 호강스럽지만은 않았습니다.

　제가 태어난 곳은 나주 노안면 금안리 기만동입니다. 본래 조상 대대로 살던 고향은 나주시 다도면 준적골이지만, 아버님께서 나주군청의 말단직으로 근무하게 되면서 자전거로 통근하기 위해 이모님이 살던 기만동으로 오셨다고 합니다.

　기만동은 고려 후기 문신 정가신과 조선의 집현전 학자 성삼문 등 예로부터 여러 문장가와 학자를 많이 배출한 유서 깊은 고장입니다. 호남의 3대 명촌으로도 꼽히는데 그중에서도 제일이 아닐까 싶습니다. 준적골에서 살던 할아버님은 집안의 대를 이을 손자가 기만동에서 태어났다는 소식을 듣고 매우 기뻐하셨습니다. 제가 태어나면서 민족의 성산(聖山)이자 나주의 진산(鎭山)인 금성산의 정기를 받았을 것이라며 제 이름을 금성산의 금과 항렬자인 상을 넣어 금상이라고 지으셨습니다. 그 뒤로 이름을 몇 번 바꿨지만 말입니다.

    내가 세 살 때 우리나라는 일제로부터 해방되었습니다. 아버님이 군청 근무를 그만두시면서 우리 가족은 아버님의 고향인 준적골로 이사했습니다. 모두가 헐벗고 가난하던 시절이었지만 우리 집은 동네에서 잘 사는 축에 들었습니다. 우리 가족은 마을의 맨 위쪽, 대밭으로 둘러싸인 초가집에서 살았습니다. 대밭 가운데에는 냇물이 철철 흘렀습니다. 어머님은 그곳에서 빨래하고 텃밭에서 뜯은 채소도 헹구고, 제 몸도 씻겨 주셨습니다. 집 앞에는 넓고 아름다운 마당이 있었습니다. 과일나무가 많아 과수원 같기도 하고, 꽃이 만개하여 정원 같기도 했습니다. 그림 같은 우리 집, 지금은 흔적도 없이 사라졌습니다.

    우리 가족은 광주 남구 서동으로 이사했습니다. 저를 대도시의 학교에 진학시키기 위한 아버님의 뜻이었습니다. 이사한 마을 사거리 골목에는 통샘이라 불리던 우물이 있었습니다. 그 옆 잔등길을 오르면 길옆으로 초가집이 늘어서 있었는데 유일하게 우리 가족이 세 든 집만 두 짝의 큼지막한 대문이 달린 고래 등 같은 기와집이었습니다. 마당에는 꽤 넓은 텃밭이 있어 상추, 쑥갓, 토마토 등 갖가지 채소를 길렀습니다. 열매가 알찬 석류나무도 있었습니다.

    그리고 이듬해 저는 광주 대성초등학교에 입학했습니다. 그해에는 사회가 매우 혼란스러웠습니다. 일제 강점기를 벗어나 광복을 맞이했지만, 해방의 기쁨은 잠깐이었습니다. 삼팔선을 경계로 남북한은 미·소 양국에 의하여 분할 점령되었고 민족은 남과 북 두 갈래로 찢어졌습니다. 북한에서는 "우익이다, 반동분자다!", 남한에서는 "좌익이다, 빨갱이다!"라며 서로를 잡아다 가두고 죽였습니다. 이념에 조금이라도 반대하는 기색을 보이면 남한에서 빨갱이로 몰렸고, 그 낙인은 치명적이었습니다. 빨갱이는 죽여도 죄가 되지 않았기 때문입니다.

   새벽에 잠에서 깨 밖으로 나오면 우리 집 담 밑에도 수십 장의 삐라가 뿌려져 있었습니다. 저는 어렸고 또 무서워서 그 종이를 읽어 볼 생각조차 하지 못했습니다. 아마 북측 공산주의자들은 자신의 이념을 선동하는 내용을, 남한에서는 이에 맞서 민주주의를 표방하는 내용을 적은 삐라였을 것입니다. 아버님은 행여 누가 볼까 두려워 재빨리 수거해 태워 버리셨습니다.

   어느 날, 제 탯줄을 자르고 어머님의 산후조리를 도와주셨던 기만동 이모님 댁으로부터 참담한 소식이 전해졌습니다. 누군가 이숙이 빨갱이라고 거짓으로 밀고했는지 이숙을 체포하기 위해 경찰이 들이닥쳤고, 총을 겨눴다고 했습니다. "빨갱이 놈 나와라!" 이모님은 이숙을 등 뒤로 숨기고 "이분은 죄가 없으니 죽이려면 나를 죽여라."라며 맞섰습니다. 그러자 경찰은 이모님의 가슴에 총을 쏘고는 도망치듯 사라져 버렸다고 합니다.

오호통재(嗚呼痛哉)라! 이모님, 당신이 무슨 죄가 있다고 경찰의 총에 맞아 피를 흘리며 고통 속에서 돌아가셔야 합니까. 이숙을 지키려다 돌아가신 열녀 이모님이시여, 시대의 비극 속에서 희생양이 되신 이모님이시여! 이 억울함을 호소할 곳도 없는 세상이 무참했습니다.

초등학교 2학년 때였습니다. 첫 교시 수업을 기다리고 있는데 복도에서 시끄러운 소리가 들렸습니다. 그리고 선생님이 교실 문을 급하게 열며 소리치셨습니다. "빨리 집으로 돌아가거라! 공산군이 쳐들어오고 있다." 그때 우리는 공산군이 무엇인지도 몰랐지만, 사색이 된 선생님의 모습을 보고 덩달아 겁에 질렸습니다.

집에 도착하니 이미 식구들은 정신없이 짐을 싸며 피난 갈 준비를 하고 있었습니다. 아버님은 "죽어도 고향에다 뼈를 묻어야 한다."라고 말씀하셨습니다. 급하게 짐을 챙겨 집을 나섰습니다. 골목길은 허둥대는 사람들로 가득했습니다. 수많은 인파의 아우성으로 마을이 어수선했습니다. 우리 가족은 백 리가 넘는 귀향길을 걸어갔습니다.

그런데 피난처로 찾아간 준적골은 광주보다도 더한 격전지였습니다. '반란군 소굴'이라 불리게 된 마을에서 우리는 6·25전쟁을 겪었습니다. 마을 뒤 원통재 너머 장흥 유치 대천 산골짜기에 인민군 부대의 본부가 있었다고 합니다. 그래서 준적골은 이미 그들이 지휘하는 인민군

치하에 놓인 상태였습니다.

밤에는 인민군 세상, 낮에는 국군 세상이었습니다. 밤에는 인민군이 쳐들어와 국군을 도왔다고 죽이고, 낮에는 국군이 쳐들어와 인민군에게 밥을 해 주었다고 죽였습니다. 인민군은 마을의 젊은이들에게 죽창을 만들게 시키더니 마을 어귀에 보초를 세웠습니다. 그리고 그들은 마을의 사랑방에서 잤습니다. 한번은 저와 어머님이 자던 안방에서 인민군이 들어와서 잔 적도 있었습니다. 그들은 군화를 신은 채 자다가도 어떤 낌새가 있으면 벌떡 일어나 뒷산으로 도망치곤 했습니다.

한번은 인민군이 밤에 사람들을 마을회관에 모아 연극을 했습니다. 농촌에서 쓰던 발동기를 이용해 전등을 켜자 회관 안은 대낮처럼 환해졌습니다. 나는 그때 처음으로 전등불을 보았습니다. 무대에는 한 젊은 여자가 갓난아이를 업고 등장했습니다. 그녀는 "너의 아빠는 빨치산이란다. 원수와 싸우고 있단다."라며 아이를 달랬습니다. 다음에는 인민군과 국군이 싸우는 장면이 전개되었는데 인민군이 이기는 결말로 꾸며졌습니다. 어느 날은 인민군이 동네 아이들을 우리 집 안방에 모아 놓고 노래를 가르쳤습니다. 정확한 가사는 생각나지 않지만, 국군을 역적으로 욕했던 내용이었던 것 같습니다.

9·28서울수복이 있자 우리 마을에서도 인민군 소탕 작전이 벌어졌습니다. 비행기가 마을을 폭격했고,

군인들은 총을 무장한 채로 집 안을 샅샅이 뒤졌습니다. 인민군은 진즉에 다 도망쳤는데도 군인들은 이 마을이 '인민군 소굴'이라며 불을 질렀습니다. 화마가 덮친 마을엔 잿더미만 남았습니다. 그때 우리 가족이 살아남은 건 기적이었습니다. 고향을 떠나는 길에는 시체가 즐비했습니다. 그때 시체를 처음 보았습니다. 꿈에라도 다시 볼까 두렵습니다.

그렇게 우리 가족의 부랑자 생활이 시작되었습니다. 한순간에 전쟁의 공포 속에서 헐벗고 굶주리는, 지긋지긋한 떠돌이 신세로 전락한 것입니다. 그런 와중에 우리 가족은 장질부사(腸窒扶斯)에 걸리기까지 했습니다. 당시 장질부사는 걸리면 죽음으로 이어지는 전염병이었습니다. 우리 가족은 헛간에 격리된 채 병고에 시달리며 신음했습니다. 그해 여름은 지독히도 더웠습니다. 헛간 앞 오동나무에는 까만 쐐기벌레가 스멀스멀 기어 다녀 소름이 끼쳤습니다. 밤새도록 잠을 이루지 못했습니다. 정신이 혼미해지면 제 몸이 공중에 둥둥 떠 있는 것 같은 환각에 빠졌습니다. 우리 가족 모두 죽을 뻔했습니다. 파란만장했던 피난살이를 떠올리면 지금도 울컥 눈물이 쏟아집니다.

보릿고개 학창 시절

부모님은 잿더미만 남은 고향의 집터에 막집을 짓고 묵정밭을 일구어 농사를 시작했습니다. 모두가 초근목피(草根木皮)로 근근이 연명하던 가난한 시절이었습니다. 그런데도 아버님께서는 저만은 공부시켜야 한다며 중학교에 보내셨습니다.

저는 중학교에 다니기 위해 광주 서구 양동에 사시는 고모할머니 댁에 맡겨졌습니다. 중학교에 다니는 내내 고모할머니 댁 가족들 사이에서 눈칫밥을 먹으며 생활했습니다. 고모할머니 댁 가족들은 저 몰래 자기들끼리만 맛있는 것을 먹었고, 제 부모님이 쌀을 보내기로 한 약속을 지키지 않았다고 속닥거렸습니다. 저를 거짓말이라는 뜻의 사투리인 '꽁'이라 일컬으며 비웃기도 했습니다. 저는 외롭고 서러운 마음이 북받치면 골목길로 나가 울었습니다. 눈물이 하염없이 뚝 뚝 떨어졌습니다. 학교에 다니는 게 즐겁지 않았지만 고생하시는 부모님을 생각하며 억지로 공부했습니다.

제가 고등학생이 된 해엔 남북의 정전 협정이 체결되어 사회가 조금은 평온해졌습니다. 그때부터 우리 가족은 광주 남구 백운동에 전셋집을 얻어 다 같이 광주에서 살 수 있게 되었습니다. 부모님은 농사철에 논농사를 지으러 고향에 내려가셨습니다. 그래서 누나는 저보다 공부를 잘했는데도 부모님께서 밥을 하라며 제 뒷바라지를 맡긴 탓에 학교에 가지 못했습니다. 1950년대 후반 보릿고개 시절이었습니다.

부모님은 입도선매를 받고 새꺼리를 내어 제 학비를 마련해 주셨습니다. 새꺼리는 봄에 묵은 곡식을 꾸었다가 가을에 햇곡식으로 바꾸어 갚는 것으로, 빌려 간 양의 배로 갚아야 하는 고리채였습니다. 그때 사채를 썼다가 땅문서를 잡히고 전답과 집까지 다 빼앗긴 사람도 있었습니다. 학비뿐만 아니라 우리 가족의 생활비까지 새꺼리로 조달했기 때문에 가을에 거둔 농산물을 모두 팔아야 빚을 갚을 수 있었습니다.

제 학업을 위해 고생하시는 부모님의 모습이 눈에 밟히는데 학교생활이 즐거울 리가 없었습니다. 하교 후 친구들과 과자점에 들르면 몇 차례 얻어먹었기만 했지, 저는 친구들에게 사 줄 수가 없었습니다. 교과서 외에 참고서를 사는 건 생각도 못 했습니다. 학교를 그만두고 돈을 벌어 집안의 어려운 생계를 돕고 싶었지만, 저만은 기어이 공부시키겠다는 아버님의 굳은 의지를 저버릴 수 없어 내색조차 하지 못했습니다. 열심히 공부해야 한다는 걸 알면서도 심란해서 공부에 온전히 집중할 수가 없었습니다.

어느 날 담임 선생님께서 납부금 독촉장을 건네셨습니다. 독촉장엔 빨간 글씨로 기한 내에

등록금을 납부하지 않으면 퇴학 처분을 하겠다고 적혀
있었습니다. 전화도 없고 버스도 없던 그 시절 백여 리나
떨어진 고향에서 농사를 짓고 계시는 부모님께 연락할
길이 없었습니다. 결국 양동에 사시는 작은할아버님께
말씀드렸더니 이튿날 학교를 방문해서 퇴학 처분만은
보류시켜 주셨습니다. 그 후 아버님께서는 새끼리를 얻어
학비를 납부하셨습니다. "학비 내려면 새끼리 내 봐야제
어쩌건냐."라고 하시던 아버님의 말씀이 지금도 제 귀에
쟁쟁히 울려옵니다.

    단원 김홍도의 <자리짜기>라는 그림이 있습니다. 그림
속 남자는 사방관을 쓴 선비의 차림새를 한 채 자리를 짜고
있고, 여자는 무명을 짜기 위해 물레로 실을 뽑고 있습니다.
이 그림을 보면 저희 부모님이 생각납니다. 아버님은 조선
말기에 태어나서 도호 오동수를 스승으로 모시며 한학을
공부했고, 『송천시문고』라는 한시집도 낸 용진정사의
유학자셨습니다. 그러나 시대가 바뀌고 아버님은 생계를
위해 몸에 익숙지 않은 농사일을 시작하셨습니다. 그래도
외출하실 때는 정자관으로 의관을 갖추고 선비의 몸가짐을
하셨습니다. 저희 어머님은 날을 새 가며 베를 짜 식구들의
옷을 마련하고, 만든 옷을 장에 내다 팔아 생계비를
벌었습니다. 어머님은 무학이었지만 외숙에게 한글을 배워
책 읽는 것을 좋아하셨습니다. 직접 필사한 박씨전도 제게
자주 읽어 주셨습니다. 그 필사본을 지금까지도 보관하고

있는데 가끔 꺼내서 보곤 합니다. 어머니의 흘림체가 참 예쁩니다.

　제가 고등학교 3학년 졸업반일 때, 4·19혁명이 일어났습니다. 2교시 수업을 마친 쉬는 시간에 누군가가 외쳤습니다. "광주고등학교 학생들이 데모를 한단다. 우리도 나가야 한다!" 전교생이 다 같이 교문으로 뛰어갔습니다. 그런데 교문은 굳게 잠겨 있었고 선생님들이 그 앞을 막아섰습니다. "너희들은 안 된다. 공부를 해야 한다." 우리는 악을 쓰며 교문을 밀쳤지만 막아서는 선생님들을 이길 수가 없었습니다. 몇몇은 교문 위를 뛰어넘어 나갔지만, 대다수는 선생님을 원망하며 울분에 찬 가슴으로 교실에 돌아오고 말았습니다. 학생들이 되돌아온 교실의 분위기는 어수선했습니다. 그날 수업이 어찌 되었는지는 이상하게도 기억나지 않습니다.

　광주고등학교 정문에는 '광주 4·19혁명 발상지'라는 기념비가 세워져 있고 그날 교문을 박차고 나오는 학생들의 모습이 생생한 사진으로 그곳에 남아 있습니다. 광주에서 4·19혁명은 대학생이 아닌 고등학생들로부터 시작되었습니다. 그때 저도 피 끓는 고등학생이었습니다.

　4·19혁명은 1960년 3·15부정선거에 대한 항거이자 이승만과 자유당 정부의 독재와 부정부패에 대한 항거였습니다. "민주주의는 죽었다."라며 목을 놓아 대성통곡을 하고, 상여를 멘 채 '곡(哭) 민주주의 장송'

윤수웅

고등학교 시절

데모를 하던 광주 시민들의 모습을 저도 금남로에서 목격했습니다.

광주 시민의 항거에 이어 3·15 마산 의거가 일어났습니다. 3·15 마산 의거 중 행방불명되었던 마산상업고등학교 김주열 학생이 왼쪽 눈에 최루탄이 박힌 채 마산 앞바다에서 시신으로 발견되었습니다. 들끓는 분노에 마산 시민들이 대규모 시위를 벌였고, 전국적으로 번져 갔습니다. 18일에는 삼천여 명의 고려대학교 학생들이 '민주 역적 몰아내자'라는 플래카드를 앞세우고 국회의사당까지 행진하며 재선거를 요구했습니다. 사태가 심각해지자 이승만이 4월 26일 하야 성명을 발표하고 망명길에 오르면서 독재 정권은 막을 내렸습니다.

아버님은 그러한 시대 상황을 보며 제가 법과대학에 진학해 판사가 되기를 바라셨습니다. 고려대학교 법과대학에 우리 일가 출신으로 아버님과 항렬자가 같은 윤모 교수가 계시니, 그분을 찾아가 장래를 의논하라고 하셨습니다. 그러나 저는 그분과 일면식도 없었고, 많은 학비를 내며 법과대학에 다닌다는 것이 터무니없게 느껴졌습니다.

저는 집안 사정을 생각하여 학비가 없는 서울의 국립대학에 지원했습니다. 시험 문제 대부분이 시사와 일반 상식이었습니다. 저는 학교 공부에만 열중했기 때문에 그쪽 방면에는 어두웠고, 결과는 낙방이었습니다. 실의에 빠져 있던 중 국비 지원으로 학비가 저렴한 광주교육대학교 신입생 모집 광고를 신문에서 보았습니다. 담임 선생님에게 그곳으로 원서를 쓰겠다고 말씀드렸더니 "수웅이, 잘 생각했다. 너도 그 학교 졸업하면 나와 같은 선생님이 된다."라며 제 어깨를 다독여 주셨습니다.

 1961년 3월, 저는 광주교육대학교에 입학했습니다. 시내버스가 없어 백운동에서 풍향동까지 사 킬로미터가 넘는 거리를 매일 걸어서 학교에 다녔습니다. 도로가 포장되어 있지 않아 비가 오면 팥죽길(빗물에 진흙탕이 된 길)을 철벅 철벅 걸어 등교해야 했습니다. 그런 날은 젖은 옷이 몸에 들러붙은 채로 수업을 들었습니다.

 교육학 공부는 참 재밌었습니다. 어느 친구가 "우리의 전공은 무엇이냐?" 물으면 "전과(초등학교의 전 과목에 걸친 학습 참고서의 이름)"라고 농담하며 웃기도 했습니다. 초등학생의 참고서를 대학에서 전공한다니, 우습지만 맞는 말이죠. 그리고 1963년 2월, 페스탈로치가 되겠다는 사도의 꿈을 안고 광주교육대학교의 제1회 졸업생이 되었습니다.

유신과 5·18의 아픔을 넘어 회한과 보람을 준 교직 생활

1963년 3월 4일, 영암 신북초등학교로 초임 발령을 받았습니다. 첫 봉급 삼천 원을 손에 쥐여 드렸을 때 어머님은 눈물만 흘리셨습니다. 부모님 소망에 못 미치는 직업인 초등학교 교사가 되어 쥐꼬리만 한 봉급을 드린 게 불효처럼 느껴져 죄송하고 부끄러웠습니다. 저도 어머님의 손을 잡고 울었습니다.

초임지에서는 오 학년 여자 반을 맡았습니다. 생애 최초로 선생이라는 자격을 얻어 만난 아이들이었습니다. 혈기 왕성한 스물두 살 청년 선생은 그 아이들을 사랑으로 교육하는 데 열정을 다 쏟았습니다. 왁자지껄 웃음이 가득한 교실에서 아이들을 가르쳤던 시간은 제 생애 최고로 행복한 때였습니다.

지금 와서 돌이켜 보면 교육이 뭔지도 모르면서 맹목적인 열정만으로 학생들을 몰아붙이기도 했던 것 같습니다. 학교 교육에서 체벌은 훈육의 수단으로 용인되었고, 저도 당연하게 생각했습니다. 숙제를 안 해 온 학생들을 불러내 회초리로 때렸습니다. 그중 키가 크고 튼튼해 보였지만 겁이 많은 학생이 있었습니다. 종아리를 가볍게 다섯 대 때렸더니 맞은 자리에 붉은 자국이 생겼습니다.

아이들을 하교시킨 후 숙직실에서 동료 교사들과 휴식을 취하고 있는데, 운동장 쪽에서 시끌벅적한 소리가 들렸습니다. 한 선생님이 급히 달려와 저보고 다락방에 숨어 있으라고 했습니다. 숨어서 한참을 기다리니 밖이 조용해졌습니다. 한 선생님이 와서 설명하기를 종아리를 맞고 집에 간 아이의 아버지가 찾아왔으나 그분과 친한 선생님이 어렵게 설득해 돌려보냈다고 했습니다.

   저는 그날 밤 잠을 이루지 못했습니다. 부푼 꿈을 안고 시작한 교사로서의 첫걸음에 이런 잘못을 저지르다니. 소중한 아이들의 인권을 소홀히 여긴 우매함을 깊이 반성했습니다. 이튿날 등교한 그 아이는 여느 때와 다름없이 까불거리며 제게 반갑게 인사를 했습니다. 역시 아이들은 마음이 넓구나. 제가 오히려 아이들에게 배웠습니다. 그리고 진정한 교육애로 체벌이 없는 명랑한 학급을 만들겠다고 굳게 다짐했습니다.

   초임지 근무를 시작한 지 11개월이 되었을 때, 징집영장이 나왔습니다. 그 학년도를 마치지 못하고 떠나는 아쉬움이 컸습니다. 하지만 군 복무를 정신 수양할 기회로 삼아 새로운 교사로 다시 태어나겠다는 다짐을 하며 아이들과 작별 인사를 나누었습니다.

   1972년 10월 유신헌법 공포로 박정희의 장기 집권을 위한 유신체제가 등장했습니다. 그 시대에 저는 광주남초등학교의 교사였습니다. 직원들끼리도 정부 시책에 대해 터놓고 이야기하지 못하고 쉬쉬했습니다. 대놓고 비판했다가는 무슨 일을 당할지 모르기 때문이었습니다. 어느 학교의 교사가 정부를 비판했다가 장발 교사라는 명목으로 정보 요원들에 의해 중앙정보부로 끌려갔다, 같은 소문이 들려오던 때였습니다. 정부에서 추진하는 일은 무조건 따라야 했습니다. 그중에는 검열도 있었습니다. 학교에서 발간하는 출판물도 예외 없이 감독 기관의 검열을 받아야 했습니다. 저는 그때 학교 신문 담당이었기에 원고를 들고 전남도청 감독관을 찾아가 검열필 도장을 받아야만 발간할 수 있었습니다.

  골목을 따라 새마을기가 펄럭거리고, 새벽마다 새마을운동 노래가 스피커를 통해 온 마을에 쟁쟁 울려 퍼졌습니다. "초가집도 없애고 마을 길도 넓히고 푸른 동산 만들어 알뜰살뜰 다듬세. 살기 좋은 내 마을 우리 힘으로 만드세." 그러면 마을 사람들은 남녀노소 가릴 것 없이 밖으로 나와 마을을 청소해야 했습니다. 초가집이 헐리고 그 자리에 슬레이트집이 지어졌으며, 개인 소유의 땅도 마을 발전이라는 미명 하에 길을 넓히는 데 사용되었습니다. 소득 증대를 위해 마을 사람 전체가 울력하여 새마을 동산, 청년 동산 등을 만들었습니다.

  어느 날 고향 마을을 방문했더니 우리 집 울타리가 없어지고 그곳에 골목길이 만들어져 있었습니다. 마을 책임자를 찾아가 물으니 새마을 사업으로 길을 냈다고 했습니다. 그뿐만이 아니었습니다. 마을로 들어가는 진입로 옆에 우리 소유의 기다란 밭뙈기가 있었는데, 그 밭의 경계 깊숙이 도로가 개설돼 있었습니다. 우리에게는 아무런 언질도 없었습니다. 책임자는 새마을 사업을 위해서니 당연한 일이라고 했습니다. 전체의 발전도 중요하지만, 그전에 개인에 대한 배려와 소통에도 조금만 신경을 썼더라면 후대 사람들이 그 시기를 경제 발전을 이룩했다는 성과를 지운 채 독재 시대라고만 기억하지는 않았을 것입니다.

10·26사태로 유신 독재가 끝나고 이제는 민주화를 이루어야 한다는 범국민적 열망이 뜨거웠습니다. 저 역시도 곧 민주화된 세상이 올 거라 믿었습니다. 하지만 12·12 신군부 일당의 군사 반란으로 희망에 부풀었던 80년의 봄은 허무하게 짓밟혔습니다.

그래도 사람들은 민주화에 대한 기대를 포기하지 않았습니다. 서울대학교에서 시작된 민주화 운동의 열기는 차츰 더 뜨거워졌습니다. 광화문 일대에서 학생들이 계엄 철폐를 부르짖으며 가두시위를 벌였습니다. 서울에서 일어난 시위에 자극받아 전남대학교와 조선대학교 학생들 역시 적극적인 가두시위를 펼쳤습니다. 시민들도 학생들의 행보를 응원했습니다.

그때 저는 광주대성초등학교에서 교사로 일하고 있었습니다. 한번은 퇴근 후에 시위 현장에 가 보니 금남로 사거리 지하상가 공사장의 후미진 곳에 시민들이 모여 있었습니다. 그 자리에서 홍남순 변호사가 즉석연설을 시작했습니다. 이 나라의 민주화를 위해 광주 시민들이 어떻게 싸워야 할 것인지, 결의를 다짐하는 눈물 섞인 호소였습니다. 시민들은 우레 같은 박수를 보내며 뜻을 함께하겠다는 뜻을 표했습니다. 홍 변호사의 연설이 끝난 후 불안정한 정부에 대한 이야기가 나왔습니다. 그때 시민들은 전두환이 광주로 오고 있다는 소식을 듣고 사태가 해결되지 않을까 하는 일말의 기대를 품었습니다. 그러나 그는 나타나지 않았습니다. 상무대까지 왔다가 돌아가 버렸던 것입니다. 시민들은 크게 실망했습니다.

1980년 5월 17일 24시, 비상계엄을 전국적으로 확대한다는 정부의 발표에 학생들은 더욱 격분했습니다. 18일 아침 더욱 많은 시민이 시위에 나섰습니다. 그때 공수 부대가 투입되었습니다. 사방에서 거리를 포위한 공수 대원들은 시위대를 분산시킨 후 집요한 공격을 퍼부었습니다. 사람들을 군홧발로 뭉개고 곤봉으로 쳐서 피 곤죽으로 만들었습니다. 이러한 만행을 목격한 시민들은 분노하고 통곡했습니다.

저는 그때 서방 사거리 기찻길 옆 단독 주택에 살았는데 창밖으로 얼굴이 벌겋게 충혈되어 총을 들고 다니는 공수 대원을 보았습니다. 그날 출근길에는 무장 군인들이 곳곳에 배치되었고 광주공원 앞 광장에는 아예 한 부대가 주둔하고 있었습니다. 그곳을 지나는 시민들은 공포에 떨었습니다. 학교 주변 길거리도 군인들이 지키고 있었습니다.

공포에 떨며 등교한 아이들은 저에게 질문했습니다.

"군인들이 왜 대학생들을 두들겨 패고 잡아가나요?"
아이들의 순진한 질문에 저는 답할 수가 없었습니다.
죄 없는 아이들이 부조리한 세상을 물려받을 생각을
하니 가슴에 멍이 드는 것 같았습니다. 그날 오후 우리
학교에 중무장한 군인들을 가득 실은 군 트럭 한 대가
갑자기 진입했습니다. 대학생 한 명이 우리 학교에 들어와
숨었다는 것입니다. 군인들은 교실 복도를 징검징검
돌아다니며 수색했습니다. 아이들은 겁에 질려 숨을
죽였습니다. 군인들은 관사까지 뒤졌지만, 헛소문이라는
것만 확인한 후 돌아갔습니다.

저는 퇴근길에 허물없이 지냈던 정종기 교사와 함께 시위
대열을 따라 도청 앞으로 갔습니다. 많은 시민과 학생이
모여 있었습니다. 도청 옆 상무관에서는 울부짖는 소리가
들려왔습니다. 발걸음이 그쪽으로 향했습니다. 상무관
안은 시체로 가득했습니다. 시신을 덮은 무명천은 피로
붉게 물들어 있었고, 태극기가 덮인 관들이 줄줄이 놓여
있었습니다.

그때 퍼뜩 집에 아이들만 있다는 사실이 떠올랐습니다.
급히 집으로 달려갔습니다. 아니나 다를까, 유치원을
마치고 집에 돌아와 있어야 할 아이들이 보이지
않았습니다. 저는 대문 밖으로 나와 골목길을 헤매며
아이들을 찾았습니다. 그때 광주역 쪽에서 함성이
들렸습니다. 황급히 광주역으로 달려가자 시위대 속에서

© 윤석호

아이들이 보였습니다. 아이들이 철없이 시위대 뒤를 따라 나간 것이었습니다. "정아! 승아! 창아!" 저는 울부짖으며 아이들의 손목을 붙잡고 집으로 끌고 왔습니다. 거리에는 공포탄이 터졌고, 확성기와 시위대의 소음이 날아와 제 뒤통수에 꽂혔습니다. 그때 아이들 손을 끌고 집으로 향하던 제 행동은 틀림없이 피난민의 모습이었습니다. 살기 위해, 자식들을 살리기 위해, 전장을 헤집고 정신없이 달렸습니다.

　광주가 진압된 5월 27일 새벽, 상공을 떠다니는 헬리콥터에서 소리가 들렸습니다. "폭도들은 자수하라. 시민들은 밖으로 나오지 말라. 밖으로 나오면 사격을 가할 것이다. 공무원은 공무원증을 패용하고 9시까지 직장으로 출근하라. 결근하는 자는 즉시 파면 조치할 것이다."

　저는 출근 준비를 해야 했습니다. 상황을 살피기 위해 이 층 방으로 올라가 빼꼼히 열린 창문 틈으로 밖을 내다보았습니다. 제 방에서 내다보이는 골목 사거리 가게에 기대서서 우리 집 쪽을 향하여 사격 자세를 취하고 있는 공수 대원 두 명이 보였습니다. 그때 밖을 내다보다가 총에 맞아 죽은 사람도 있었습니다. 이 층이어서 천만다행이지 그들이 저를 먼저 발견했다면 방아쇠를 당겼을 것입니다.

　공무원증을 찾을 수 없어 그대로 출근길에 나섰습니다. 중앙로를 걸어서 대인교차로 옆 주유소에 도착했는데 보초를 서던 군인이 총을 겨누며 신분증을 제시하라고 했습니다. 저는 신분을 밝히고 신분증을 찾지 못하였다고 사정했더니 다행히 길을 터 주었습니다. 그러면서 도로 왼쪽은 작전 중이니 접근하지 말라며 도청 쪽을 가리켰습니다. 그때 도청에서 쾅쾅 총소리가 들렸습니다.

학교에 도착했을 때 교직원 대부분이 입을 다물고 있었습니다. 잠시 후 출근한 몇몇 직원이 도청의 소식을 전했습니다. 시민군이 도청을 지키다가 공수 부대원들에게 무자비하게 사살되었다는 참상에 대한 이야기였습니다. 우리는 공포로 가득 찬 분위기 속에서 넋을 잃고 하루를 보냈습니다.

저는 생생히 기억합니다. 그해 봄날 열흘간의 낮과 밤을, 특히 진압 작전이 있었던 27일의 새벽을요. 그때 불구가 되거나 죽은 사람들의 희생을 평생 잊지 못할 것입니다. 남은 자의 씻을 수 없는 부채감에 오월의 진통은 해마다 가실 줄을 모릅니다. 매년 5월 18일이 되면 가슴이 미어집니다.

5·18민주화운동 때 전두환 정권에 맞섰던 김수환 추기경은 한 인터뷰에서 "내 평생 가장 가슴 아픈 일은 광주 5·18이다."라고 하셨습니다. <임을 위한 행진곡>에서 "산 자여, 따르라!"라며 한이 맺히게 외친 그들을 떠올리면 그날 그 자리에서 용기를 내지 못했던 저 자신이 한없이 작아집니다.

그런데 아직도 오월의 진실은 왜곡과 무관심의 고통 속에 파묻혀 있습니다. 가장 찬란한 계절을 가장 잔인한 계절로 앓으며 40여 년을 살아온 광주 시민의 원한이 시원하게 풀릴 날은 언제 오려나요?

제가 걸어온 교직 생활을 되돌아보니 부끄러운 일이 많습니다. 아이들에게 더 잘해 줄 걸 하는 후회가 큽니다. 하지만 행복하고 그리운 일들 역시 많습니다. '섬마을 선생님'이 되어 아이들을 도시로 견학시켜 준 날, 천진난만했던 아이들의 밝고 해맑은 얼굴은 여전히 생생합니다.

저는 광주와 전남 지역의 도시와 농촌, 섬 등 도서 벽지를 두루 돌아다니며 42년간 교직 생활을 했고 2005년 2월 나주봉황초등학교 교장으로 정년퇴임을 했습니다. 퇴임식장에서는 교원의 최고 훈장인 황조근정훈장을 받았습니다.

내 삶의 정신을 남기고 싶은 은퇴 생활

교직에서 퇴임한 다음 날부터 저는 할 일이 없어졌습니다. 그래도 가만히 있을 수는 없어 무작정 산책길에 나섰습니다. 푸른길에서 바람에 대롱대롱

흔들리는 나뭇잎을 바라보며 저는 사색에 잠겼습니다. 잎들도 다 나름대로 역할이 있는데, 저는 이제 무엇을 해야 할까요? 그때 고려 중기의 문신 이규보가 남긴 시 「독서(讀書)」의 구절이 떠올랐습니다.

'나이 들고 머리 희었으니(已免生徒首又皤) / 남은 인생 고생스럽게 공부하여 무엇하리오만(殘年勤苦讀書何) / 내가 늙어 죽는다 해도 바른 삶의 정신만은 남아 있지 않겠는가(我雖老死精神在) / 바라건대 글자 한 자라도 배워 지혜로움을 더하여 넉넉하고 풍족하게 살고 싶어라(一字添知尚足多)'

그래! 나 역시 한 자라도 더 배워 내 삶의 정신을 남기는 은퇴 생활을 하리라. 그렇게 해서 떠올린 게 아카데미 강좌였습니다. 인터넷 검색을 해 보니 다양한 강좌가 있었지만, 저에게 필요한 강좌는 찾을 수 없었습니다. 그러던 중 모 신문사에서 시민 기자를 뽑는다는 기사를 보았습니다.

이거구나! 응모하고 선발이 되어 신바람이 났습니다. 사진기를 메고 이곳저곳 취재에 나서느라 분주했습니다. 시민들의 일상 속 불편함을 찾고 희망을 안겨 주는 기사를 보도하겠다는 생각으로 부지런히 발로 뛰었습니다. 이삼일 간격으로 제 기사가 실린 신문이 발간되었습니다. 창간 기념일에는 시민기자상도 받았습니다. 그러던 어느 날 다른 신문사에서 자기 신문사의 기자로 일할 생각이 없느냐는

칠순 가족사진

전화가 왔습니다. 제 나이를 듣더니 죄송하다며 전화를 끊었지만, 그래도 저는 기분이 좋았습니다. 시민의 편에 선 제 기사가 그 기자의 호감을 산 것이라는 생각이 들어 시민 기자 활동에 더욱 활력을 얻었습니다.

어느 날 제 기사가 실린 신문을 읽다가 다른 소식을 발견했습니다. 국립광주박물관에서 자원봉사 도슨트를 모집한다는 내용이었습니다. 원서를 접수하여 1차 서류심사에 합격했습니다. 이 주간의 빽빽한 뮤지엄 아카데미 교육을 이수하고 수료 시험에도 합격했습니다. 그렇게 저는 일요일 근무로 배치받아 해설 활동을 시작했습니다. 가끔 외국인 관람객을 만날 수 있었습니다. 초등학교에서 특별 활동 시간에 영어를 잠깐 가르친 경험이 있어 그들과 영어로 대화를 시도했습니다. 그러나 실전 회화는 생각보다 어려웠고, 어처구니없는 창피를 당하여 꽁무니를 빼게 되었습니다. 대학에서 교양 과정으로 대학 영어도 공부했으며 일상생활용 영어는 안다고 자부했는데 내 영어가 이렇게 엉터리라니, 자존심이 상했습니다.

그날 바로 영어 학원을 찾아갔습니다. 접수처 직원은 저를 보고는 달갑잖은 표정을 지었습니다. 나이 많은 노인이 무슨 영어 공부를 하느냐는 듯, "우리 학원은 기초 실력이 없으면 진도를 따라가기 어려운데요."라고 했습니다. 그렇지 않아도 자신감이 떨어졌던 저는 접수실

의자에 앉아 머뭇거렸습니다. 그러자 왜 영어 공부를 하려고 하는지 물었습니다. "제가 박물관 도슨트인데 외국인에게 영어로 해설하고 싶다."고 말했더니 그는 분명한 목적이 있다면 학원을 등록하라고 했습니다.

저는 그날부터 매일 새벽마다 학원에 가서 영어 회화를 공부했습니다. 수료 과정은 총 6단계인데 재수강도 몇 차례 하면서 5단계까지나 올라갔습니다. 그렇게 어언 삼 년의 세월이 흐르자 일상 회화는 어느 정도 가능한 수준이 되었습니다. 그런데 그때 2015 광주 하계 유니버시아드 통역 자원봉사자 양성을 위한 시민 영어 스쿨 수강생 모집 공고를 보았습니다. 저는 이 년간 수강한 후 필기시험과 면접에 합격했고, 주월 테니스 경기장에 배치받아 영어 통역을 했습니다. 그리고 나니 박물관에서 외국인을 상대로 해설하는 데에도 자신감이 생겼습니다.

그러던 어느 날 푸른길을 산책하는데 눈이 번쩍 뜨이는 현수막이 걸려 있었습니다. 외국인을 위한 한국어 교사 양성 과정 수강생 모집 공고였습니다. 일주일에 여섯 번, 이 개월 동안의 힘겨운 과정이었지만 다행히 수료 후 시험에 바로 합격했습니다.

저는 조선대학교에서 재직 중인 미국인 교수 스티븐 씨의 한국어 교사가 되어 매주 두 시간씩 자원봉사를 했습니다. 첫 만남에서 스티븐 교수는 잔뜩 긴장한 저를 반갑게 맞아 줬습니다. 그러곤 행정실로 데리고 가더니 다른 사람들에게 저를 "마이 코리언 티쳐."라고 소개했습니다. 저는 미국인 교수에게 인정받아 기분이 참 좋았습니다.

 이 년간의 한국어 교사 자원봉사가 끝나고 스티븐 교수가 본국으로 돌아간 뒤 저는 한동안 영어 공부를 놓았습니다. 그러던 중 반가운 메시지를 받았습니다. "축하합니다! 2019년 광주수영선수권대회 영어 통역 자원봉사자로 최종 선발되었습니다." 서둘러 FINA 홈페이지에 들어가 명단에서 제 이름을 확인했습니다. 국제협력부 의전 요원 영어 통역 분야에 제 이름이 또렷이 보였습니다.

 7월 5일 오전 9시, 상무지구에 있는 홀리데이인 광주호텔로 출근했습니다. 저의 역할은 호텔의 VIP 임원들에게 대회 관련 정보를 제공하고 제반 사항을 보조하는 것이었습니다. GALA라는 경축 행사 때에는 호텔에 숙박하는 임원들이 김대중컨벤션센터로 안전하게 이동할 수 있도록 안내했습니다. 그렇게 20여 일간 이백여 개국의 외국인들이 북적거리는 호텔에서의 통역 봉사 활동을 마쳤습니다. 여든이 다 된 나이에 얼마나 흔치 않은 소중한 경험인가! 저는 본부에서 걸어 준 기념 메달을 목에 걸고 나와의 승부에서 승리라도 한 듯 의기양양하게 집으로 돌아왔습니다.

팔순 플래카드

중국 우한에서 발생해 전 세계인을 공포의 도가니에 몰아넣은 코로나19도 벌써 이 년이 지났습니다. 사회적 거리두기로 대면이 지양되면서 국립광주박물관의 도슨트 봉사를 비롯한 저의 모든 대외 활동이 중단되었습니다. 집에만 있으니 갑갑한 생활이 지속되었습니다. 미운 코로나입니다.

작년 어느 날, 집에만 있는 게 답답해서 마스크를 쓰고 혼자 푸른길 산책에 나섰는데 푸른 숲 게이트볼장에서 노인들이 경기를 하는 광경을 목격했습니다. 게이트볼을 칠 때 나는 탁탁 소리가 흥미로워 기웃기웃 경기를 엿보았습니다. 경기자들의 권유로 가까이 다가가 참관하게 되었는데, 문득 게이트볼이 저 같은 고령자의 건강 유지에 좋겠다는 생각이 들었습니다. 그날부터 저는 게이트볼을 시작했습니다. 현재는 동구 게이트볼협회 문병률 회장의 권유로 계림분회장을 맡아 봉사하고 있습니다.

나이가 들면서 노화가 두렵기도 하지만 그럼에도 살아가기에 인생 아닐까요. 남은 인생, 더 늙고 머리카락이 하얗게 세더라도 삶의 정신을 남기기 위해 책을 읽고 글을 쓰고 싶습니다. 게이트볼 회원들과도 함께 웃고 놀면서 아름답게 늙어 가는 멋쟁이로 살아가고 싶습니다.

우리는 무엇이든 지나간 후에야 아름다움과 행복을 깨닫는 것 같습니다. 아마 오늘도 제가 몰랐던 사이 아름다운 꽃이 저를 향해 웃어 주지는 않았을까요?

되돌아보니 내 삶이 사랑이었습니다. 삶의 정원에는 비바람이 심하게 불고 눈보라가 휘몰아치는 날에도 언제나 세월의 꽃이 피어난다는 것을 잊지 않고, 그 꽃을 사랑하며 사는 나날을 지내고 싶습니다.

김경수 金曔洙 이야기

나는 전라남도 장성군 진원면 선적리 572번지에서 1945년 7월 2일(음력) 일본으로부터 우리나라가 해방되던 해 태어났습니다.

퇴직 후 취미로 시작한 서예와 문인화에서 삶의 보람을 찾았습니다. 동료들과 전시회도 함께합니다.

가족들에게 보내는 한마디

나와 함께 긴 세월을 헤쳐 온 아내에게 감사한 마음을 전합니다. 남은 삶도 사랑을 쌓으며 더욱 값진 날들 만들어 가요. 사랑해요. 그리고 자랑스러운 우리 가족 모두 각자 자기 위치에서 아름다운 삶을 가꿔 가고 있으니 뿌듯하다. 모두 고맙고, 사랑한다.

내 인생의 키워드

가족 간에 화목하고
모든 일에 성실하고
이웃을 배려하고
건강은 최고!

새벽 네 시 반에 잠에서 깬다. 사위가 어둡다. 매일 이 시간에 일어나 계림동부터 동명동까지 푸른길을 산책한다. 새벽 산책을 하면 겨울과 여름의 공기가 다르다는 사실을 알 수 있다. 반환 지점에서 주변을 살피면, 여름에는 날이 밝아 오고 있지만 겨울에는 아직 세상이 어둠 속에 묻혀 있다.

일상에서 여유가 있을 때는 조용히 눈을 감고 깊은 명상에 잠긴다. 그러면 지나온 일들이 머릿속에 선명하게 그려진다.

*

때는 1950년, 지옥 같던 전란 시절. 누나와 함께 장성 황룡면의 중부님 손에 맡겨졌을 때 나는 여섯 살이었다. 지금 생각해 보면 그때는 삶이 하루고, 하루가 삶이었다. 하루가 어떻게 변할지 예측할 수 없기에 그저 살아 있음에 감사할 뿐 인생의 계획을 세우는 게 아무런 의미가 없었다는 뜻이다.

그 시절을 떠올릴 때면 공습을 알리는 경보음과 비행기의 폭음이 들려오는 듯하다. 예고 없이 날아든 전란의 불씨는 중부님 댁까지 번져 집 한 채가 하루아침에 전소됐다. 우리가 그 댁에 들어간 지 얼마 되지 않았을 때의 일이다.

김경수

ⓒ 윤석호

집이 사라지자 중부님께서는 나와 누나를 포함한 당신 식구가 거주할 만한 곳을 찾아야 했다. 사방을 수소문한 끝에 얻은 거처는 장성읍에서 약 3킬로미터 떨어진 중동마을, 그곳에 살던 먼 친척 댁의 방 한 칸이었다.

그곳에서 지내는 동안 안집 아이가 나를 자꾸 때리고 괴롭혔다. 한동안은 나도 당하기만 하지 않고 맞서 싸웠다. 그렇지만 언제나 나만 어른들께 꾸지람을 들었다. 그게 참 억울하고 서글펐는데 지금은 어른들의 마음이 짐작 간다. 온 가족이 빌린 방에서 신세를 지고 있는데, 내가 집주인 아들과 싸우니 얼마나 곤란하셨을까. 잘못한 게 없는 아이를 혼내는 어른들 마음이 편치 않았으리라 생각한다.

나는 어려서 일할 몫이 주어지지 않았지만 나보다 세 살 많은 누나는 집의 잔일을 거들어야 했다. 누나는 동이를 이고 멀리까지 가서 온 가족이 마실 물을 길어 왔다. 빨래도 했다. 추운 겨울이면 손이 시려 빨래하기가 더욱 고달팠을 것이다. 그때는 빨래를 개울에 나가서 살얼음 낀 찬물에 손을 담그며 해야 했으니 말이다. 누나는 그 고된 시간을 잘 견디며 집안일을 거들었다. 그렇지만 언젠가 나를 껴안고 눈물을 흘리기도 했다.

언젠가부터 나는 매사에 움츠러들고 조심성이 생겼다. 안집 아이가 때리면 맞아 주고 욕을 하면 가만히 들었다. 어른들이 보기에는 이전보다 철든 모습이었겠지만 나는 내가 점점 바보가 되어 간다고 느꼈다.

    어느 날인가 갑자기 사람들이 비명을 지르며 야단법석을 떨었다. 중부님이 양잿물을 마시고 자살 기도를 하신 탓이었다. 어른들은 중부님 입에 김칫국물을 붓고 손가락을 집어넣으며 억지로 토하게 하려고 안간힘을 썼다. 처음 야단이 났을 때 재빨리 달려갔던 나는 그 적나라한 광경을 가까운 곳에서 보았다. 쓰러진 중부님의 몸통과 팔다리가 이리저리 뒤틀렸다. 그 순간 나는 오싹함 때문인지 귀가 먹먹해지면서 주변이 아주 고요하게 느껴졌다. 중부님 입에서 신음이 새어 나왔다. 지금도 그 신음이 귓가에 생생하다.

    그러던 중 중부님이 갑자기 속에 있던 모든 것을 게우기 시작하셨다. 한참을 토하고 나니 어른들이 이제 되었다는 말씀을 나누셨다. 그 이야기가 중부님이 죽음을 면했다는 말로 들려 나는 어린 마음에도 하늘에 무한한 감사를 드렸다. '감사합니다. 감사합니다.'

    그때 중부님 가족은 자식들 2남 2녀에 중부님 내외가 있었고, 거기에 누나와 나까지 합치면 입이 총 여덟이었다. 이들을 책임져야 한다는 부담감에 중부님은 하루하루 얼마나 큰 고통을 느끼셨을까 싶다. 나는 모든 사정을 짐작하진 못했지만 어리고 철없는 가슴에도 중부님의 괴로움은 전류처럼 깊이 파고들었다.

여름이든 겨울이든 산책을 마치고 돌아올 때면 주변이 훨씬 소란스럽다. 새들이 사방에서 존재를 알리고 행인과 자전거도 자주 눈에 띈다. 나는 사람들이 떠드는 소리와 자동차 경적이 뒤섞인 거리를 지나친다.

아내와 나는 1973년 4월 10일에 결혼해 2남 1녀를 두었고, 자식들도 지금은 다 결혼해서 내겐 손자가 셋, 손녀가 둘이다.
큰아들은 전자 공학을 전공하여 대학원을 수료하고 삼성전자에 중견간부로 근무하고 있으며, 큰 자부는 기업은행에 중견 간부로 근무하고 있다. 큰손자가 한 명 있는데 학업에 열중하는 중이다.
둘째 아들도 전자 공학을 전공했다. 지금은 엘지전자에서 중견 간부로 근무 중이며 둘째 자부는 유아교육과를 전공하여 유치원에서 꿈나무들을 교육하고 있다. 슬하에 일남 일녀를 두었다. 두 손주는 중·고등학생으로서 학업에 열중하고 있다.
막내딸 부부는 의료계의 일익을 담당하는 중이다. 둘 다 약학을 전공한 후 약사가 되어 약국을 운영하고 있다. 슬하에 일남 일녀를 두어 이들도 현재 고등학생으로 열심히 공부하는 중이다.

명절에 온 가족이 한데 모이면 바라만 보아도 마음이 흐뭇하고 자랑스러워 오래 즐거움이 남는다. 모두가 건강하며 각자 자기 위치에서 열심히 생활하고 있으니 값진 즐거움 속에서 지난 시절을 살아낸 보람을 느낀다.

자식들이 분가한 이후 집 2층에 작업실을 만들었다. 산책을 끝마치면 종종 그곳에 올라간다.

나는 그곳에 들어가 먹을 준비하고 화선지를 펼친다.

*

나는 음력 1945년 7월 2일 전라남도 장성군 진원면 선적리 572번지에서 태어났다. 양력으로 치면 해방 일주일 전이었다.

온 민족이 염원하던 해방이었다. 넘치는 기쁨에 마을마다 큰 잔치가 벌어졌다고 한다. 우리 마을에서도 소를 잡아 잔치하며 모두 함께 즐거움을 만끽했다. 그때는 잔치가 끝나면 남은 고기를 서로 나누었다. 아버지가 그 고기를 집으로 가지고 오시는 바람에 할머니가 심하게 노하셨다. 아기가 태어나고 첫이레도 지나지 않았는데 부정 타게 피 흐르는 날고기를 집에 들였냐며 할머니가 아버지를 꾸짖으셨던 것이다.

그때는 출산하면 집 안으로 아무나 들어오지 못하도록

문에 금줄을 쳤다. 금줄이란 볏짚으로 새끼를 꼬아 고추와 숯 등을 끼운 것이다. 금줄은 귀신으로부터 아이를 보호하는 주술적인 기능이 있다고 믿어졌을 뿐 아니라 일정 기간 외부인의 출입을 금지하는 표식 기능도 있어 산모와 아이를 보호하는 역할도 했다. 그런 와중에 아버지가 갓 잡아 피가 줄줄 흐르는 날고기를 가지고 왔으니 할머니가 꾸짖으신 것도 이해할 만했다. 그 꾸중에서 할머니의 따뜻한 사랑이 짐작된다.

　이때만 해도 우리 가족은 큰 어려움 없이 그럭저럭 먹고살 만했다. 내 위로는 누나 한 분이 있었고, 이후에 남동생이 태어나 우리는 세 남매가 되었다. 이 평범하고 행복했던 시절의 일은 모두 시간이 흐른 뒤 가족들에게 전해 들었던 내용이다. 너무 어렸기에 기억이 전혀 남아 있지 않아 아쉽다.

　그러던 중 6·25 전쟁이 터졌다. 북한 괴뢰군이 평화로운 우리 남한을 침략했다. 그들은 소련제 탱크를 앞세우고 물밀듯이 내려와 전 국토를 짓밟으며 갖은 만행을 저질렀다.

　어찌 된 영문인지는 잘 모르겠지만 전쟁의 참화 속에서 아버지는 행방불명되셨다. 어머니는 나와 누나를 중부님 댁에 맡겨 두고, 동생과 함께 나주군에 있는 오정리 외가댁으로 피난하셨다.

중동마을 집에서 지내던 시절에는 엄마 품이 그리웠다. 전화 같은 통신 수단이 없어 소식을 들을 수가 없었고, 아직 어렸던 까닭에 물정과 지리에 어두워 직접 찾아갈 엄두도 나질 않았다. 누나와 몰래 눈물 흘리며 지새운 나날이 많았다. 그래도 나는 누나가 있어 다행이었다. 누나에게 의지하며 위로받을 수 있었다. 누나는 어땠을까? 어떻게 응어리진 마음을 풀었을까?

그렇게 지내면서 맞이한 두 번째 늦봄 어느 날이었다. 꿈에 그리던 엄마가 선녀처럼 찾아오셨다. 그때 누나는 마을 공동 우물에서 물을 긷고 있었다. 나도 누나를 따라간 참이었는데, 누나가 물을 동이에 담을 때 누나 또래 친구가 다가왔다. 그 친구가 우리에게 너희 집에 예쁜 아주머니가 들어갔다고 얘기해 주었다. 누나와 나는 즉시 어머니일 거라는 직감이 들어 전부 팽개치고 한달음에 집으로 갔다.

어머니다. 엄마.

우리는 다시 만난 어머니께 안겨서 한없이 울었다. 어머니도 흐르는 눈물을 훔쳤다. 우리는 그렇게 한동안 재회의 눈물을 흘리며 감격에 빠져 있었다. 어머니가 문득 목을 가다듬더니 중부님과 말씀을 나누셨다.

큰서방님! 그동안 저희 어린 자식들을 보살펴 주셔서 감사합니다. 이 은혜를 죽도록 잊지 않겠습니다.

아니요, 제수씨. 그래도 살아 이렇게 만날 수 있어 얼마나 고마운 일이오.

김경수

하서 김인후 선생의 시,
삼락서예원 필우회가 주최한 전시 출품작

제가 내일 아이들을 데리고 제 친정으로 떠나겠습니다.
이런 대화를 나누는 중에도 어른들의 얼굴에서는 눈물이 그칠 줄을 몰랐다.

*

붓은 털로 된 물건이다. 쓰다 보면 그 끝에 힘이 붙는다. 털이 가진 탄력을 극대화할 수 있게 되는 것이다. 이것을 필력이라 한다.
작업대 위에 화선지를 펼치고 벼루에 먹을 간다. 붓은 깨끗하게 씻어 미리 준비해 둔다. 요즘에는 우리 윗대 할아버지인 하서 김인후 선생의 시구를 주로 쓴다. 역입(逆入)으로 들어가 중봉(中鋒)에 힘을 받는다. 그대로 그어 낸다.

때를 못 만난 도연명 한스럽구나(常恨淵明不遇時) / 세상 다스리는 큰 뜻 동리에 묻혔구나(徑輪大志沒東籬) / 술 속에 빠진 것 단순한 일이 아니니(沈冥麴蘗非徒爾) / 요순 기대하는 마음 품은 줄 누가 알리오(誰識心懷堯舜期)

우리 세대는 가난과 무지, 사회의 격변을 몸소 겪었다. 그 과정을 거쳐 지금 대한민국은 세계에서 열 손가락 안에 꼽힐 정도로 부강한 나라가 되었다. 우리는 그 모든 기적을 이뤄 내는 데 가장 많이 수고한 세대이다.

독재와 싸워 4·19혁명으로 자유 민주주의를 이룩했고, 새마을 운동으로 내 고장 내 마을을 가꿨다. 독일에 광부와 간호사로 떠나 외화를 벌어서 조국의 산업 발전에 보태었으며, 중동의 건설 현장에 뛰어들어 코리아의 근면성과 저력을 세계에 보여 주었다. 현재의 대한민국이 있도록 산업 발전에 큰 기틀을 마련했다. 누가 뭐라고 해도 이에 비등할 성과를 낼 세대는 오랫동안 없을 것이다.

어릴 때는 시절이 너무 어려웠다. 때를 못 만난 도연명이 얼마나 많았을까? 조금만 상황이 좋았어도 세상에 큰 뜻을 펼쳤을 사람이 많았다. 그렇지만 가난에 빠진 시대에서 뜻을 펼치는 건 단순한 일이 아니어서, 모두가 제각기 뜻을 굽히고 좋은 시절이 오기를 기대하는 마음으로 각자의 인생을 살아 냈다.

*

어머니가 오신 날 밤에는 기뻐 잠이 오지 않았다. 밤을 새워 어머니와 이야기꽃을 피웠다. 어머니는 누나와 나에게 줄 옷을 꾸려 오셨다. 어머니가 외할아버지 댁에서 직접 기른 목화로 베를 짜 지으신 것들이었다. 옷은 나와 누나의 저고리와 내 바지, 누나의 치마까지 총 네 벌이었다. 어머니는 옷을 만드실 때 우리가 얼마나 자랐을지 상상했다고 하셨다. 그런데도 어쩌면 그렇게 우리 몸에 잘 맞았을까.

그토록 깊고 넓은 사랑을 지닌 분이 우리 어머니셨다.

다음 날 아침, 우리는 중부님 댁 식구들과 부둥켜안고 작별 인사를 나누었다. 신세 졌던 그 시절이 아직도 감사하다.

장성역까지는 약 3킬로미터 거리였다. 우리는 어머니의 손을 잡고 걸었다. 그때는 역까지 가는 교통수단이 없어 그저 걷는 수밖에 없었다. 그래도 어머니와 함께여서 발걸음이 가벼웠다.

장성역에서 탄 기차는 석탄을 태우며 증기로 움직이는 완행열차였다. 난생처음 타 보는 열차였기에 신기했고, 그렇게 편할 수가 없었다. 한참 이동하다 보니 어머니가 내릴 채비를 하셨다. 우리는 나주군 노안역에서 내렸는데, 여기서 다시 외가댁인 오정리까지 약 6킬로미터를 걸어야 했다.

아침에 출발했지만 걸어야 하는 구간이 많았고 그나마 기차도 지금과 비교하면 거북이어서 시간이 많이 지체되었다. 기차에서 내려 한참을 걷다 보니 벌써 석양의 그림자가 서서히 다가왔다. 다리가 아파 지쳐갈 무렵, 저 멀리서 등불이 깜빡이며 점점 다가왔다. 얼마 뒤 어머니를 부르는 소리가 들렸다.

언니여!

오냐, 나다! 아이들이랑 같이 온다!
어머니가 응답해 주셨다.
어머니의 여동생, 나의 이모님이 불빛을 밝히며 마중 나오셨다. 처음 만난 이모님이었지만 정말 반가웠다. 그때 이모님은 열아홉 살 정도의 아가씨였다. 이모님은 어린것이 얼마나 다리가 아프냐며 대뜸 내게 업히라고 했다. 어려서였을까, 지쳐서였을까. 나는 사양도 하지 않고 등에 업혔다. 요람보다 포근했던 이모님 등에서 나는 어느새 잠들었다.
나를 업고 상당한 거리를 걸으셨을 텐데 이모님은 지친 기색도 없이 나를 마루에 내려놓으며 다 왔다고 말씀하셨다. 외할아버지 댁의 모든 식구가 밖으로 나와 우리를 기쁘게 맞이해 주셨다.
밤늦게 도착한 우리는 지친 나머지 대충 인사를 드리고 서둘러 잠자리에 들었다. 다음 날 아침 눈을 떠 보니 모든 것이 낯설고 어색했지만, 분위기가 조용하니 참 평화로웠다.

외갓집이 있던 곳은 약 100여 호 규모의 집성촌이었다. 같은 마을에 큰외삼촌 내외가 사셨고 큰이모님은 이웃 마을인 양천리에서, 둘째 큰이모님은 광주에서 생활하고 계셨다.
이튿날에는 어머니와 함께 큰외삼촌 댁에 방문했다.

식물원에서 찍은 은퇴기념 사진,
뒷줄 오른쪽에서 세번째가 나

대문이 커다랬고 집터도 외할아버지 댁보다 더 넓었다. 큰외삼촌 내외도 그동안 고생이 많았다며 우리를 포근하게 안아 주셨다.

*

나는 2008년 1월, 시행하고 있던 사업을 대부분 마무리 짓고 귀향했다. 경기도 화성시의 화옹지구 간척 농지 개발 사업 제1공구를 관장하는 현장 소장으로서 소임을 다하고 은퇴한 것이다. 내 나이 벌써 64세가 되던 해였다.

그 사업은 한국농어촌공사가 화성과 안산을 묶어 만든 화안사업단이 시행하고 우리나라 굴지의 건설 회사들이 참여했던 토목 개발 사업이었다. 지금은 그곳이 많이 발전해 있으리라 생각한다.

모든 짐을 내려놓으니 마음이 홀가분했지만, 허전하고 막막하기도 했다. 멀리 길 떠나는 사람이 짐을 진다. 반대로 짐 없는 사람은 멀리 못 간다고도 말할 수 있다. 그걸 내려놓았더니 앞으로 갈 길이 없고 이게 끝인 것만 같았다.

그래서 서예를 시작했다. 인생의 후반을 어떻게 값지게 가꿔 볼까 생각하던 중 마침 옆집에 사는 서예가 한 분이 나이가 들면 취미로 서예가 좋다며 권해 준 덕이었다. 그분께 송파 이규형 선생이 운영하는 삼락서예원을 추천받았고 다음 날 바로 서예를 시작했다. 은퇴 후 광주에 온 지 2년이 되던 해였다.

자식들이 훌륭하게 자라 준 것이 내게는 큰 자랑거리다. 과중한 업무에 직장 일을 관두고 싶었던 순간도 많이 있었지만, 자식들을 생각하면서 버텼다. 돌이켜 보면 그렇게 버틴 덕에 많은 일을 해낼 수 있었다.

*

우리 가족은 한동안 외할아버지 댁과 큰외삼촌 댁을 오가며 숙식했다. 그러다 보니 자연스레 두 집 가족과 이리저리 뒤섞이기도 했다. 누나는 외할아버지 댁에서 자고 엄마와 동생과 나는 큰외삼촌 댁에서 자는 식이었다. 결국 어머니는 언제까지나 외가에 의지하며 살 수는 없다고 하시며 독립을 선언하셨고, 근처에 방 한 칸을 세내어 우리 네 식구가 함께 생활하기 시작했다.

물론 외할아버지와 외삼촌이 얼마간의 식량을 마련해 주셔서 이사 후 처음에는 생활하기가 순조로웠다. 하지만 네 식구가 생활하기 위해서는 일정한 수입이 꼭 필요했다. 어머니는 고심 끝에 행상을 하겠다고 결정하셨고, 판매할 상품을 사러 광주로 떠나셨다. 그때는 오정리에서 광주로 가는 것도 6킬로미터 거리를 걸어 노안역까지 가서 기차를 타는 방법밖에 없었다. 이틀 뒤 어머니는 제법 많은 상품을 구매해 오셨다. 그토록 먼 거리를 그렇게 무거운 물건들을 이고 오셨다는 게 어린 마음에 놀라울 뿐이었다.

광주에 둘째 큰이모 내외가 살고 계셨는데 당시 이모부는 잠업 회사에 근무하는 중이어서 살림에 여유가 있는 편이었다. 두 분이 흔쾌히 어머니 장사에 필요한 자본을 보태어 주셨다는 얘기를 훗날 어머니께 전해 들었다.

어머니가 이고 오신 짐 속에는 비단, 내의를 비롯한 속옷, 약간의 화장품 등 시골에서는 쉽게 구할 수 없는 물건들이 있었다. 다음 날부터 어머니는 마을의 이 집 저 집을 돌아다니며 장사를 시작하셨다. 상품이 어느 정도 팔리면 다시 광주로 가서 새 상품을 사 오시고, 또 무거운 짐을 이고서 온 동네를 돌아다니며 장사를 하는 식으로 쉴 틈 없이 움직이는 방식이었다.

어머니는 장사 범위를 점점 넓혀 나중에는 이웃 마을까지 돌아다니셨다. 당시 농촌에서는 거래할 때 물물교환하는 경우가 많았다. 곡식류로 셈이 되는 경우가 많았다. 그렇지 않아도 무거운 짐에 물건값으로 받은 곡식까지 더하면 멀리서부터 집까지 오는 길이 또 얼마나 고생스러우셨을까? 그 커다란 짐을 머리에 이고 밤늦게 집에 돌아오시던 어머니의 모습이 지금까지도 내 기억에 또렷이 남아 있다.

여덟 살 때는 우리 가족에게 아주 기쁜 일이 찾아왔다. 드디어 우리 가족만의 집이 생긴 것이었다. 광주에 계시는 이모부가 후원해 주신 덕분이었다. 큰 방과 작은 방이 있고 부엌이 딸린 작은 집이었지만 셋방이 아닌 우리 가족만의 포근한 보금자리가 생기니 참 좋았다.

집터는 외할아버지 댁에서 남쪽으로 약 100미터쯤 떨어진 언덕 자리였다. 서로 훤히 보이고 큰 소리로 부르면 들릴 만큼 가까운 거리였다.

그 시절에는 땔감을 구하는 일이 큰 과제였다. 어머니가 행상을 나가 있는 동안 누나는 집안일을 하느라 바빴고 나와 동생은 아직 어려 나무하기에는 어려웠다. 다행히 외할아버지와 큰외삼촌이 가끔 집안의 머슴을 시켜 우리 집에 땔감을 한 지게씩 보내 주셨다.

장사에 필요한 돈을 흔쾌히 내어 주시고 우리 가족이 살 집까지 마련해 주셨던 이모부 내외에게 그리고 여러 방면에서 많은 도움을 주었던 외할아버지와 큰외삼촌 댁 어른들에게 감사한 마음을 전한다.

어느 해에는 마을에 가을걷이가 시작되었을 때 외할아버지가 200평 정도 되는 논의 벼를 어머니에게 주신 적도 있었다. 너희가 직접 추수하여 올벼신미라도 하라는 뜻에서였다. 다음 날부터 우리 가족은 다 함께 논으로 가서 낫으로 벼를 베었다. 그렇게 수확한 벼는 대부분 여럿이

지게로 집까지 날라 마당 한쪽에 둥그렇게 쌓아 두었다. 그렇게 쌓아 둔 벼는 이듬해 봄에 탈곡했다.

   그때는 농기계가 많이 보급되지 않아서 모든 작업을 사람의 힘으로만 했다. 낟알을 탈곡할 때는 대개 쇠 날로 만든 홀태라는 농기구를 활용해 낟알을 한 줌씩 훑어 내는 방식으로 작업했다.

   겨울이 오면 농사짓는 사람들은 고된 농사일에서 벗어나 휴식을 취했다. 머슴들은 사랑방에 모여 덕석이나 가마니를 엮으며 한 해를 마무리했다. 어머니는 겨울에도 눈길을 밟으며 행상하러 다니셨다.

*

   붓글씨를 쓰는 데는 먹물을 사용할 수도 있고 먹을 사용할 수도 있다. 내 작업실에는 둘 다 갖춰져 있지만 보통 연습할 때 먹물을 사용하고 전시에 출품하려고 할 때는 먹을 사용한다. 웬만하면 먹이 먹물보다 값비싸기 때문이다.

   벼루에 먹을 갈아 내는 데 묘리가 있다. 먹은 힘을 약하게 주고 오래 갈아야 좋다. 너무 강하게 힘을 주면 덩어리가 생기고 그것이 글씨를 쓸 때 화선지에 남는다. 아무리 고급스럽고 비싼 먹을 사용하더라도 제대로 갈지 못하면

© 윤석호

값싼 먹물을 쓰는 것만 못하게 된다는 얘기다.

먹을 알맞게 가는 일이 서예에서 가장 중요하다는 말도 있다. 그렇지만 여타 서예 기술과 달리 먹을 가는 감각을 익히는 것만은 반복을 통한 숙달만이 최선이다. 세상 모든 기술에는 이처럼 익히는 과정이 요령부득하여 반복을 통한 숙달만이 유일한 방법인 부분이 있으리라고 생각한다. 내가 일해 왔던 토목 공사 분야에도 그런 기술들이 많이 있었다.

어머니도 시간이 지나며 장사에 실력이 쌓이셨다. 나중에는 수요를 예측하는 등 요령을 터득하셨고 취급하는 상품도 점점 다양하게 갖춰 나가셨다.

덕분에 가계에 조금씩 여유가 생겼다. 어머니는 계 모임에도 참여하고 저축도 시작하셨다. 누나와 나에게도 웃으며 필요한 물품을 사 주곤 하셨다.

이제부터 평화롭고 즐거웠던 시절을 이야기할 것이다. 어머니의 근면함과 친척들의 너그러운 인심 덕분에 집안에 여유가 생긴 것이 그런 시절을 가능하게 했다.

*

모든 초목이 눈을 뜨는 1953년 3월 봄, 드디어 나는 노안초등학교에 어머니 손을 잡고 새내기 학생으로 입학했다. 입학생 중에는 나보다 나이가 적은 친구도 있었고 세 살쯤 많은 형도 있었다. 그래도 우리는 서로 잘 어울려 학교생활을 시작했다.

학교와 집 사이의 거리는 약 4킬로미터였다. 나는 그 먼 거리를 매일 걸어서 다녔지만 학교를 오가는 길은 즐거웠다. 오정리는 시골치고는 꽤 큰 마을이어서 길동무가 20여 명이나 되었다. 여럿이 떠들며 다녔던 터라 먼데도 힘든 줄 몰랐다.

등하굣길에 하천이 하나 있었다는 사실이 기억난다. 하천에는 디딤돌이 놓여 있어 평소에는 문제없이 잘 건너다니곤 했다. 그러던 어느 날, 비가 많이 내려 하천 물이 불어났다. 물살이 제법 세찬 데다 디딤돌까지 물에 잠겨서 건너기 어려워 보였다. 모두가 걱정만 하고 있을 때 6학년 형이 나서서 시험 삼아 물에 들어갔다. 하천은 그 형의 무릎에서 한 뼘 위까지 오는 깊이였다. 형은 이 정도면 건널 수 있겠다며 고학년 형, 누나들과 어린 학생들이 교차로 손을 잡고 다 함께 건너자는 의견을 냈다. 우리는 그 형의 의견대로 줄줄이 손을 잡고 무사히 하천을 건널 수 있었다. 그런 식으로 선배들의 도움을 받아 비가 오나 눈이 오나 큰 불편 없이 학교에 잘 다녔다.

4학년 말에는 학교를 옮겨야 한다는 소식을 들었다. 학생 수가 많아 분교가 신축되었기 때문이다. 오정리, 양천리,

계림리, 안산리 마을에 사는 1학년부터 4학년까지의 학생들은 새로 개교한 노안서초등학교로 다 함께 전학했다.

    전학이라 해도 책가방만 들고 새로운 학교로 등교하면 되는 일이었다. 그때는 책가방도 보자기에 교과서와 노트를 둘둘 말아서 허리에 차면 그만이라 간단했다. 우리는 새로 지어진 학교를 돌아다니며 교실마다 대청소도 하고 책상을 정리했다. 성대한 개교식이 개최되었고 마침내 신학기가 되었고 나는 5학년이 되었다.

    6학년 선배들은 전학 오지 않아 우리가 그 학교의 1기였다. 매일 먼 거리를 오가다가 통학 거리가 짧아지니 편하고 좋았다. 마을 앞 공터에 모두 모여 함께 등교하곤 했는데 여전히 등하굣길은 즐거웠다.

    그러던 어느 날, 나는 마을에서 이상한 광경을 목격했다. 또래 아이 하나가 내 동급생의 부모님에게 반말하는데 그분들은 아이들에게 도련님이라며 존댓말을 쓰는 것이었다.

    다음 날 나는 그 버릇없는 아이를 만나 어른에게는 존댓말을 사용해야 한다고 주의를 주었다. 그랬더니 버릇없는 아이에게서 그 어른은 '당골'이라 반말로 대하는 게 알맞다는 대답이 돌아왔다.

    나중에야 당골이 마을에 길·흉사를 모두 도맡아

처리하는 토속 무당의 일종이라는 사실을 알게 되었다. 전통적으로 당골은 천민 취급을 받았는데, 해방 이후가 되고서도 그 집안은 시골에서 계속 천대받으며 생활을 영위하고 있었던 것이다.

그 댁의 아들 하나가 나와 같은 학년이었다. 다른 친구들이 자꾸 그 집 아들을 놀리고 따돌렸다. 나는 그때마다 그렇게 하면 안 된다며 친구들을 나무라고 당골 댁 아이를 보호해 주었다.

그 무렵 외가댁도 당골에게 도움을 받았던 일이 있었다. 작은외삼촌이 어느 해에 몹시 아팠는데 그때 외할머니가 마을의 당골 댁을 방문해 도움을 요청하셨다. 당골은 서둘러 외가댁으로 와서 주문을 외우고 간단한 굿도 하며 외삼촌을 위해 온갖 정성을 쏟았다. 왜 사람을 살리기 위해 저토록 애쓰는 사람이 천대받는지 나는 이해할 수가 없었다.

설날에는 마을의 당골 댁에 찾아가 세배를 드렸다. 나는 당연한 일로 생각했는데 그분들은 뜻밖이라고 생각하신 듯 몹시 반기셨다. 당신 아들과 친하게 지내라는 당부의 말씀과 한 해 무탈하게 지내라는 덕담도 해 주셨다. 그렇게 환대받고 그 댁에서 나왔는데 어쩐지 마음이 허전했다. 모든 이들이 평등하게 대우받는 게 바람직하다고 생각했다.

그분들은 어느 날 조용히 이사를 떠나 버렸다. 아이들의 장래를 위해 그럴 수밖에 없었으리라 생각한다. 마을 사람 다수는 한동안 그 댁이 없어진 줄도 몰랐다. 나와 같은 반이었던 그 댁 아들이 어디선가 꼭 건강하게 잘 살고 있기를 기원해 본다.

시간이 지나 우리 학년은 노안서초등학교 1회 졸업생이 되어 정든 학교를 떠났다. 우리는 부디 우리 모교가 오래 발전을 거듭하기를 염원했다.

*

명상에 잠겨 있으면 옛 시절의 나에게 녹아드는 것 같다. 슬픈 일이 떠오르면 가슴이 시려 오고 즐거웠던 일이 떠오르면 마음이 들뜬다.

내 어린 시절과 비교하면 세상이 많이 달라졌다. 내가 다녔던 노안서초등학교는 폐교됐다. 학생 수가 줄어 노안초등학교로 다시 통합된 것이다. 융성했던 외갓집 마을도 지금은 폐가가 많아 황량하기까지 하다. 도시로의 인구 집중으로 인해 빚어진 일이다.

세상이 살기에 많이 편해졌고 나 또한 풍족하고 보람찬 노년을 보내고 있다. 그렇지만 때때로 돌아갈 수 없는 과거가 그리울 때도 있다.

22살에 찍은 가족사진. 누나, 동생, 어머니와 함께. 가장 왼쪽이 나

지금 나의 삶이 있기까지 많은 도움을 주었던 모든 사람에게 감사한 마음을 보낸다. 앞으로도 우리 가족과 우리나라가 영원히 번영하기를 기원한다.

김경수

이태숙 李泰淑 이야기

나는 광주광역시 광산구 신용동에서
1959년 2월 18일(음력)에
태어났습니다.

주중에는 일하는 남편과 대학에
다니는 아들을 보살피고 전업주부로서
집안일과 남편 건강 관리에 최선을
다하고 있습니다.
주말엔 남편과 고향 집에 내려가 밭을
가꿉니다. 김매고 온갖 채소 모종들을
심고, 각종 먹거리를 수확하는 재미가
쏠쏠합니다.
9월이면 아로니아와 꾸지뽕을 딸
수 있습니다. 그 열매들로 즙을
만들어 먹으면 허약했던 몸이 저절로
건강해지는 기분입니다.

가족들에게 보내는 한마디
내가 몸이 아플 때마다 살뜰하게 보살피고 챙겨 주는 남편 김영현 씨에게 한없는 감사를 전합니다. 내 소중한 분신인 다섯 아이, 각자 위치에서 성실하게 살아가는 모습이 항상 고맙고 기특하다. 우리 듬직한 사위들, 예쁜 손자 손녀들, 건강하게 잘만 지내다오. 금쪽같은 우리 가족들 아주 많이 사랑한다.

내 인생의 키워드
숙명, 감사, 사랑

나의 어린 시절

나는 3남 2녀 중 넷째로 태어났다. 우리 형제들이 태어나 어린 시절을 보낸 천동마을은 주민들이 농사지어 먹고 사는 전형적인 시골 마을이었다. 닷새마다 장이 섰고, 공동우물을 사용했다. 모두가 힘들던 시절이라 나는 어린 나이에도 일을 많이 했다. 동네 아이들이 많아서 항상 시끌벅적했던 기억이 난다.

우리 집은 앞마당에서 소를 키웠는데, 먹이를 주고 쓰다듬으면서 놀던 시간이 참 즐거웠다. 국민학교 4학년 때, 소에 대해 글을 쓴 적이 있었다. 소를 돌보면서 느꼈던 것을 솔직하게 썼을 뿐인데 내가 쓴 원고지가 학교 게시판에 상당히 오랜 기간 붙어 있었던 기억이 난다. 그때 나는 글쓰기를 참 좋아했다. 운동도 좋아했다. 국민학교에서 중학생 때까지 배구선수로 활동했다. 전국체전에 출전해 입상도 했다. 광주여자상업고등학교에서 스카우트 제의가 오기도 했지만, 선수로는 가지 않았다.

내가 중학생일 때 우리 집 맏이인 언니가 시집가기 위해 여기저기 맞선을 보기 시작했다. 그때 언니는 생머리를 엉덩이까지 길러 늘어뜨린, 참하고 고와서 누가 봐도 탐낼 만한 처녀였다. 몇 번의 맞선을 거쳐 언니는 우리 집 큰사위가 될 형부를 만났다. 그 당시 명문이던 서중일고와 한국해양대학교를 나와서 외항선을 타고 세계 여러 개국을 다니며 돈을 버는, 아주 능력 있는 청년이라고 했다. 형부가 처음 우리 집에 오셨을 때가 떠오른다. 정장을 차려입고 우리 집 마당으로 들어서는데 그 모습이 영화배우처럼 멋있어서 깜짝 놀랐다.

그런데도 언니는 형부를 그다지 탐탁지 않아 했다. 다섯 남매의 장남인데다 외국에서 살다시피 하니 고된 시집살이를 하게 되리라고 생각했다. 하지만 형부가 바다로 나간 후에도 두 사람은 꾸준히 편지를 주고받았다. 몇 개월 후 한국에 돌아온 형부를 다시 만난 언니는 마음을 바꿨다. 형부가 워낙 멋진 사람이기에 넘어가지 않았나 싶다. 둘은 시골집에서 예물을 교환하는 것으로 약혼식을 올렸고, 결혼식은 몇 개월 뒤, 형부가 다시 한번 외국에 나갔다 온 후에 하기로 했다. 돌아온 형부는 외국을 다니면서 준비한 보석들을 언니에게 선물했다. 그때 언니의 입이 함박만 해졌다.

형부는 하나밖에 없는 처제인 내게 화려한 공작새 카펫을 선물해 줬다. 결혼 때 신혼집으로 가지고 와서 지금도 쓰고 있는 애장품이다.

내가 광주여자상업고등학교에 진학하고 둘째 오빠와 자취를 시작하면서 광주에서의 삶이 시작됐다.

이태숙

광주에서

상업고등학교만 졸업해도 바로 취직이 되던 시대였다. 나는 졸업을 앞두고 학교 추천으로 은행에 지원해 합격했다. 발령만 기다리고 있었는데, 금남로 가톨릭센터에 있던 법무법인 변호사 합동 법률사무소에서 먼저 연락이 오는 바람에 은행원이 되지 못했다. 가끔 그때 은행원이 되었다면 내 삶이 어떻게 바뀌었을까 상상해본다. 내가 법률사무소에서 맡았던 일은 대표 변호사의 업무를 체크하고 자료를 정리하며, 법원에 제출할 서류를 작성하는 것이었다. 이때 한 친구를 만났다.

당시 사법고시 합격생들은 연수원에서 교육받은 후 실무 감각을 익히기 위해 법원이나 검찰청, 변호사 사무실에서 시보로 근무하기도 했다. 우리 합동 법률사무소에는 나와 동갑인 사법고시 합격생이 시보로 왔는데, 서로 자료도 나누고 일도 도우면서 대화를 나누다 보니 어느새 친구가 되었다. 근무가 끝나면 식사도 하고 영화도 보고 그 친구의 사시 동기생들과 함께 야구장도 갔다. 프로야구와 해태 타이거즈가 전성기던 시절이었다. 간식거리를 펼쳐 놓고 함께 먹으며 야구를 관람했다. 즐겁고 유쾌한 시간이었다.

시보 친구는 매일 아침 각종 책, 특히 만화책을 한 아름씩 들고 출근했다. 만화책이라도 책을 저렇게 많이 읽다니, 고시 공부를 한 사람들은 역시 다르다고 생각했다.

우리는 학창 시절부터 일상 얘기까지 온갖 사소한 일로 이야기꽃을 피웠다. 그때는 핸드폰도 없을 때였고, 둘 다 가난한 자취생이라 집 전화도 없었다. 시보 친구는 서울로 간 뒤에도 종종 광주로 내려왔다. 그때마다 내가 자취하던 주인집 전화로 연락했다. 나와 친하게 지냈던 주인아주머니는 항상 군말 없이 전화를 바꿔 주셨다. 돌이켜 보면 그때 우리는 참 순수하고 풋풋했다.

얼마 후 그 친구가 군 법무관으로 임명되면서 우리의 시간도 끝이 났다.

자서전을 쓴답시고 지난 시절을 회상해 보니 추억의 조각들이 떠오른다. 소소한 기억들 앞에서 오랜 시간 잊어버렸던 내 삶의 일부를 되찾은 것 느낌이다.

5·18 그날의 이야기

쓰다 보니, 아픈 기억 하나가 떠오른다.

1980년은 아직 내가 사회 초년생일 때였다. 삼엄한 긴장감이 당시의 광주 시내를 누르고 있어서 일상생활이 힘들 정도였다.

거리에는 시위가 한창이었다. 박정희가 피살당하고 신군부가 계엄령을 선포하자, 사람들이 반대 시위를 하기 위해 모인 것이었다. 전남도청 앞 광장은 시위하러 모인 시민, 학생들로 인산인해였다. 사람들은 외쳤다. "전두환 물러가라! 계엄령을 철폐하라!" 계엄군은 팽팽한 대치 상황 끝에 야만적이고 무차별적인 진압을 시작했다. 군인들은 젊은 남자가 보이면 발길질하고 진압봉으로 두들겨 팼다. 몇몇 사람들은 그 자리에 있었다는 이유만으로 맞아 죽거나 어딘가로 끌려갔다.

군인들의 만행에 광주시 버스, 택시 기사들도 경적을 울리며 시위에 가세했다. 광주 시민들은 짓밟힐수록 거세게 저항했다. 많은 사람이 죽어 나갔다. 광주의 상황을 전하는 뉴스도 없었다. 방송국도 다 부서졌고, 이미 상부에서 손을 쓴 뒤라 취재 온 기자들이 기사를 올려도 모두 차단되었다.

금남로3가에 있던 내 직장도 무사할 수 없었다. 법률사무소 건물이 부서져서 한동안 출근하지 못했다. 자취방 안에서도 총성이 선명하게 들려왔고, 오빠와 나는 무서움에 떨었다. 총성이 멈출 때까지 우리는 집 밖으로 나가지 않았다. 대학생이던 오빠를 다락방에 숨기고, 혹여나 불빛이 보일까 봐 문에는 담요를 달았다. 골목길에서 불 끄라고 외치고 다니던 사람도 있었다.

그 당시 우리 자취방 바로 옆방에 쌍둥이 형제와 그들의 누나가 살았다. 삼 남매는 화순에서 올라와 광주에서 중학교에 다니고 있었다. 5·18민주화운동이 한창이던 어느 날, 그 남매의 어머니가 찾아왔다. 계엄군이 광주를 폐쇄하는 바람에 주변 지역에는 광주 사람들이 다 죽을 거라는 소문이 난 모양이었다. 삼 남매의 어머니는 아이들의 소식을 전혀 들을 수가 없으니 화순에서 쌍둥이를 보기 위해 몇 날 며칠을 미친 사람처럼 산길을 헤매고, 돌고 돌아서 계엄군을 피해 광주 북구 풍향동에 있는 자취방까지 찾아오신 거였다. 당시 외부 사람이 광주에 들어오는 건 불가능에 가까운 일이었다. 만신창이가 된 채로 집에 들어선 그분은 자기 자식들을 보자마자 기절하고 말았다.

그때 우리 부모님도 똑같은 소식을 듣고 임곡에서 광주에 들어오려고 몇 번을 시도했지만, 실패하셨다고 했다. 부모님이 얼마나 자식 걱정에 애간장이 끊어졌을지 생각하니 나는 울컥하고 말았다.

후일에 들은 이야기인데, 군부에서는 군인들이 시민들을 공격하고 학살하도록 만들기 위해 정신교육까지 시켰다고 한다. 군인의 횡포를 더는 참을 수 없었던 시민들이 경찰서의 무기고에서 총을 구해 똘똘 뭉쳐 저항했던 것인데, 저 윗지방에서는 광주에서 폭도들이 사태를 일으켜서 군인들이 진압했다고만 알려져 있었다. 광주 시민군으로서 앞장섰던 젊은이들을 위해 가정주부들이 주먹밥을 만들고, 시민들은 도청을 지키며 끝까지 싸웠지만, 5월 27일 계엄군은 결국 시민들을 향해 총을 난사했다.

그때 계엄군의 총탄에 쓰러진 민주 열사, 광주를 지킨 시민군들의 대변인이었던 윤상원 열사에 대해 이야기하고

이태숙

싶다. 나와 동향이라 더욱 그분의 죽음이 안타깝게 느껴진다. 윤상원 열사는 비록 짧은 생을 살다 갔지만, 5·18광주민주화운동의 중심에 서서 불꽃같은 투지로 최후까지 위험을 무릅쓰고 싸웠다.

우리 마을에서 윤상원 열사의 영혼결혼식이 있었다. 신부는 들불야학에서 함께 활동하다가 먼저 불의의 사고로 세상을 떠나신 박기순 열사였다. 생전의 모습처럼 두 분의 인형을 만들어 혼례식을 올려드렸다고 했다. 그 소식을 전해 듣고 마음이 찡했다. 두 사람을 기리고 5월에 떠나간 수많은 영혼을 달래는 의미에서 만들어진 노래가 바로 '임을 위한 행진곡'이다.

계엄군이 물러가고 다시 시내로 나갔을 때가 생각난다. 시내 건물들은 다 무너지거나 망가진 상태였다. 처참한 광경이었다. 도청 앞 상무관으로 향했다. 상무관 안에는 흰 천이 덮인 관들이 늘어서 있었다. 나는 문득 내가 살아 있다는 걸 실감했고, 숙연해졌다.

그해 5월, 광주에서 일어난 사건은 역사적인 민주화운동이 되었다.

언제나 고마운 우리 병원 동생

남동생이 광주에 있는 고등학교로 진학하면서 우리와

함께 살게 되었다. 이후에 영암에 사는 외삼촌 아들까지 우리에게 맡겨지면서 식구가 네 명으로 불어났다. 나는 직장생활과 살림을 겸하면서 세 명의 남자도 함께 건사해야 하는 처지가 됐다. 그때는 다 연탄불로 난방하고 밥을 지었기 때문에 지금의 집안일보다 훨씬 힘들었다.

엄마와 외숙모는 소중한 자식들이 타지에서 밥은 제대로 먹을까 늘 걱정하셨다. 두 분은 시골에서 온갖 농작물을 보내 주셨다. 가끔 직접 담근 김치도 가지고 오셨다. 덕분에 음식이 부족할 일은 없었다.

엄마의 정성이 하늘에 닿은 것일까. 오빠는 조선대학교 공대를 졸업한 뒤 취직했고, 남동생은 조선대학교 의대에 합격했다.

하지만 남동생을 의대에 보내려니 등록금이 부담스러웠다. 온 가족이 고민에 휩싸였다. 시청 공무원이셨던 이모부마저도 가정 형편이 어려우니 의대 말고 약대에 가라고 하셨다. 언니와 함께 당시 조선대학교에 교수로 계시던 고교 시절 은사님을 방문했을 때, 남동생을 약대에 보낼까 고민된다고 말씀드렸다. 은사님은 단박에 고개를 내저으셨다. 남들은 가고 싶어도 못 가는 의대를 약대로 바꾼다니, 무슨 소리를 하냐며 집안 기둥뿌리가 무너져도 의대에 보내야 한다고 하셨다. 언니와 나는 집으로 돌아오면서 남동생의 학비를 어찌해야 하나 걱정했다.

이태숙

사람이 중대한 결정을 내릴 때 가장 중요한 것은 본인의 의지다. 우리가 동생의 진로에 대해 고민할 때도 남동생은 이미 의지가 굳은 상태였다. 누가 뭐라 해도 자신은 의대에 가겠다고, 내 사전에 의대가 아니면 대학이 아니라고 선언했다.

주변의 걱정을 뒤로하고 남동생은 의대에 진학했다. 부모님의 노력이 가장 컸다. 언니가 시부모님 몰래 꿍쳐 둔 돈으로 의대 납부금을 보태기도 했다. 나도 용돈을 보태고 뒷바라지에 최선을 다했지만 쉽지 않았다. 의대 학비가 상상을 초월할 정도로 비쌌다.

남동생은 머리를 싸매고 열심히 공부해서 전액 장학금을 받았다. 동생이 자취방 대문을 열고 들어서며 "나 장학금 받았어!"라고 외쳤던 장면이 기억난다. 동생은 한 번도 본 적 없는 아름다운 미소를 짓고 있었다. 얼굴에서 빛이 나는 것 같았다. 가족들은 어쩔 줄 모르고 기뻐했다. 나도 그간 힘들었던 일들을 모두 보상받은 기분이었다.

그 뒤로 자신감을 얻었는지 동생은 승승장구했다. 뭐든 열심히 하면 된다는 인생의 교훈을 얻은 것 같았다. 동생은 의대를 졸업하고 서울로 올라가 인턴과 레지던트 과정을 거쳐 일반 외과 전문의 자격을 취득했다. 그리고 군의관으로 3년간 복무한 후 곧바로 개인 병원을 개원했다.

현재 60살을 바라보는 동생은 70여 개 병상을 둔 새운암병원의 병원장이다. 환자를 살피는 의사로서의 본분을 다하고 있을 뿐만 아니라 어려운 사람들도 도우며 살고 있다.

나도 한때 동생의 병원에서 여러 번 신세를 졌다. 그곳에서 많은 환자를 만나고, 이야기를 들었다. 저마다 사연이 어찌나 많은지 자서전 수십 권은 거뜬히 쓸 수 있을 정도였다. 입원해 있으면서 서로 같은 처지끼리 툭 터놓고 이야기하니, 아픔도 덜어지는 것 같았다.

내게 동생의 병원에서 받을 수 있는 다른 좋은 시술을 알려 준 이 역시 환자들이었다. 동생은 일반 외과 전문의지만, 기미와 주근깨 시술을 비롯한 피부관리와 IPL 같은 시술도 할 수 있다. 대상 포진이나 다른 질환에 걸려 입원한 와중에 필러를 맞거나 쌍꺼풀 수술을 하는 사람들이 많다. 그 재미로 계속 오는 환자도 있다. 그걸 보고 여자든 남자든, 환자든 환자가 아니든 예뻐지고 젊어지는 건 다 좋아하는구나 싶었다. 나도 피곤하고 힘들 때마다 동생에게 가서 비타민 주사나 태반 주사, 마늘 주사를 맞고 온다. 그러면 훨씬 몸이 가벼워지고 생기가 돌아오는 기분이다.

내가 힘든 시기를 견딜 수 있던 것도 동생 덕분이다. 내가 고마워할 때마다 내가 누나한테 얼마나 많이 받았는데 이 정도도 못 할까, 라고 말한다. 동생이 의대에 다니며 한창 공부할 때 돈이 떨어지면 내가 군말 없이 용돈을 주었다고 한다. 잊지 않고 은혜를 갚으려는 동생이 기특할 따름이다.

이태숙

우리 가족을 가장 잘 챙기는 사람도 동생이다. 오래오래 건강하고 행복하게 살자며 신안에서 그물로 막 잡은 제철 생선들을 주문해서 가족 모두에게 보내 준다. 덕분에 냉동실엔 덕자, 병어, 꽃게, 갑오징어, 말린 민어, 김 같은 싱싱한 먹거리들이 항상 꽉 차 있다. 동생은 하늘에서 내려온 것처럼 훌륭한 사람이니, 그런 동생을 낳아 주신 부모님께 감사하자고 우리 가족은 자주 말한다.

영원한 내 사람, 남편

1987년 3월의 어느 날, 광주에 사는 사촌의 소개를 통해서 남편을 만났다. 책상에서 공부만 한 사람 특유의 서툰 순수함이 묻어 있는 사람이었다. 처음 만났을 때 이 사람, 참 괜찮은 사람이라고 생각했다.
참 순수하고 풋풋했던 시절이었다. 남편은 퇴근 시간이 가까워지면 내가 일하는 곳으로 전화를 걸었다. 우리는 매일 데이트를 즐겼다. 손을 꼭 잡고 시내를 걸었다. 대화를 나누면서 이 사람에게 공부하겠다는 꿈이 있다는 걸 알게 되었다. 지금껏 오빠와 동생들을 돌보느라 바빴는데, 이 사람과 결혼하면 또 뒷바라지하며 살아야 할지도 모르겠다는 걱정이 들었다.
그러나 그이가 불러 준 윤시내의 '열애'를 들었을 때 그를 잡아야 한다고 강한 예감이 스쳤다. 남편은 참 노래를 잘 부른다.

"이 생명 다하도록 뜨거운 마음속에 불꽃을 피우리라, 태워도 태워도 재가 되지 않는 진주처럼 영롱한 사랑을 피우리라……"

남편이 부르는 노래를 들을 때, 저 노래 가사는 나를 향한 마음이라는 확신이 들었다. 나는 이 사람과 결혼하겠구나. 공부하는 남편 뒷바라지가 걱정되었지만, 그가 나를 이 정도로 사랑한다면 내 팔자로 여기기로 굳게 마음을 먹었다. 내가 이제까지 본 남편의 선하고 곧은 성품과 나를 생각하는 모습을 믿었다. 나와 남편의 궁합을 봤을 때 역술가가 해 줬던 말이 생각난다. 도시락을 싸 들고 다녀서라도 이 남자를 잡아야 한다고 말했다. 지금 생각하면 정말 선견지명이 있는 조언이었다. 남편은 지금까지도 나에게 참 고마운 사람이자 아이들에게는 아버지로서 든든한 본보기가 되어 주고 있다.

우리는 만난 지 2개월 만에 결혼했다. 부모님 품 안에서 살기만 하다가 드디어 독립했다. 그때 나는 29세, 남편은 31세였다. 남편은 취직한 지 1년도 안 된 새내기 직장인이었으니, 그야말로 맨손으로 시작한 신혼이었다. 우리는 서구 화정동에 첫 둥지를 틀었다.

결혼하고 곧바로 허니문 베이비가 우리를 찾아왔다. 임신 중에 입덧으로 꽤 고생했던 기억이 난다. 아침마다 화정동에서 금남로까지 만원 버스를 타고 출근했다. 길이 험해서 버스가 많이 흔들렸다. 쓰러질 뻔한 적이 한두 번이 아니었지만, 배를 부여잡으며 참고 견뎠다. 한계가 올 때마다 버스에서 내려 속을 게웠다. 혹독한 삶의 현장으로 초대받은 기분이었다. 1년을 버티다가 도저히 안 되겠다 싶어 동구로 이사했다. 산수동에 살던 둘째 오빠도 함께 살기로 했다. 올케언니가 지방에 가 있어서 주말부부로 살고 있었기에, 살림해 줄 사람이 없어서였다. 자취할 때로 돌아간 것 같다고, 나는 농담 삼아 말했다.

큰딸을 출산한 후 몸이 급격하게 허약해졌다. 출산 후유증으로 한 달 가까이 하혈을 했고, 결국 악성 빈혈로 쓰러지고 말았다. 남편은 출장 중이었다. 오빠가 나를 발견하고 119를 불러 병원으로 갔다. 세상이 빙빙 돌았다. 어지러워서 죽을 것 같았다.

원인을 찾기 위해 전남대학교병원에서 온갖 검사를 했으나 소용이 없었다. 후유증인지 한쪽 귀도 들리지 않았다. 나는 한 달가량 병원에서 머물렀다. 내가 병원에 머물 동안 친정엄마가 아기를 돌봐 주었다. 엄마는 쓰러진 내 모습을 보고 충격을 받아 우리 딸 이대로 가면 안 된다며 매일 눈물로 세월을 보내셨다고 했다.

퇴원 후 휴직계를 내고 몸조리에만 신경 썼다. 그때 나를 돌본 건 남편이었다. 매일 대명산 장어구이 집에서 장어구이와 장어 국물을 사와 먹이고, 몸에 좋다는 것들은 전부 구해 왔다. 아내를 살려야 한다는 남편의 책임감이 얼마나 무거웠을지 상상도 가지 않는다. 그의 지극정성으로 내 몸은 점점 회복기에 들어섰다. 장어를 많이 먹어서 그런지 체중도 늘었다. 그렇게 3개월이 지나니 안정을 찾고 다시 출근할 수 있었다. 우리 남편이 아니었으면 나는 회복되지 못했을 것이다.

그때쯤 우리는 오빠와 같이 살던 집에서 나와 지산동으로 이사 갔다. 그래도 지산동과 산수동 사이가 가까워 우리 남매는 전과 다를 바 없이 함께 생활하다시피 지냈다.

이태숙

출산에 대하여

나는 3년 동안 직장 생활과 육아를 병행했다. 처음부터 힘들었지만, 1996년, 분양받은 금호아파트로 입주할 때는 한계에 다다랐다는 느낌이 들었다. 배 속에 있는 셋째의 해산을 앞두고 퇴사를 결정했다. 얼마 후, 셋째 딸이 태어났다. 고된 시간의 시작이었다.

한 달이 채 지나지 않아 다시 매스꺼움과 어지럼증이 시작되었다. 너무 괴롭고 힘들어 병원에 갔더니 또 임신이라는 말을 들었다. 그때 남편은 걱정이 태산이었다. 나의 건강을 생각하면 임신은 위험하다고 했다. 세 아이의 육아로도 버거웠지만, 이미 내 안에는 배 속 아이를 향한 애틋한 마음이 자리 잡고 있었다.

　10월 1일 국군의 날, 진통을 악착같이 버텨 낸 끝에 넷째를 출산했다. 아들이라는 말을 들었을 때 기뻤다. 하염없이 눈물이 났다. 몸무게도 4.4kg으로 아주 건강한 우량아였다.

　시아버지께서는 우리 집에 이제 평화가 찾아왔다고 말씀하셨다. 8남매인 남편의 형제 중 우리 집만 아들이 없었기 때문에 그간 시부모님께서 걱정이 많으셨던 것 같았다. 그러다가 손주를 얻었으니 얼마나 기쁘셨을까. 소식을 들은 친정엄마는 만세 삼창을 하셨다. 친정아버지도 이제야 네가 사람으로서 한 몫을 다했다고 반겨 주셨다.

　나는 개월 수로 따지면 한 해 동안 두 아이를 출산하는 기록을 세웠다. 쌍둥이를 낳은 것과 비슷했다. 매일 마트에 가서 분유와 기저귀, 식구들이 먹을 음식을 사서 날라야 했다. 등골이 휠 지경이었다.

　고생스러웠지만, 그래도 내 삶에서 가장 행복했을 때는 아이들을 낳고 키울 때였다. 배 속에 아이를 품고 탄생을 기다리는 열 달은 말할 수 없이 신비로운 시간이다. 임신의 기쁨과 함께 입덧이 찾아온다. 배가 불러올수록 태동은 점점 선명하게 느껴진다. 출산할 때는 어쩔 수 없이 온몸이 부서지는 고통을 이를 악물고 견뎌야 한다. 마침내 아이의 울음소리가 들리면 이제 살았다는 생각과 함께 입에서 탄성이 터져 나온다. 강보에 싸인 아기를 안을 때의 기쁨은 말로 표현할 수 없다. 그래서 내가 아이를 다섯이나 낳았나 보다.

지금도 자식들을 볼 때마다 갓난아이 때 모습을 떠올리곤 한다. 참 예뻤지. 하는 행동들도 너무 귀여워서 몸이 힘들어도 힘든 줄을 몰랐지. 우리 아이들은 태어나서 별 탈 없이 자라 주는 것으로 효도를 다 했다. 남편은 몸도 약한데 다섯이나 되는 아이들을 건강하게 낳아서 잘 키운 내가 존경스럽다고 한다. 모성애는 정말 하늘이 내려주신 보물인 것 같다고 말한다.

이태숙

다섯째 아이의 탄생, 내 인생 최고로 바빴던 날들

넷째가 세 살인가 네 살이 되었을 무렵, 나는 한 통의 전화를 받았다. 결혼 전에 가입해 둔 보험사에서 걸려 온 전화였다. 보험사 직원은 가입한 상품이 만기가 됐으니 회사로 나오시라고 말했다.

아이들을 돌봐줄 사람이 없어서 애들도 데리고 보험사에 갔는데 뜬금없이 보험 설계사 시험을 치러 달라는 말을 들었다. 직원은 일주일간 아이들을 돌봐 줄 테니 도전해 보라고 했다. 보험 설계에 대해 아무것도 모르는 상태에서 일주일간 교육받은 뒤 시험을 쳤다. 결과는 합격이었다.

교육비가 지원된다는 말에 6개월간 교육을 받아 보험 설계사 활동을 시작했다. 정말 뜻하지 않은 일이었다.

생각보다 보험 설계사가 적성에 잘 맞았다. 실적이 쭉쭉 올라갔다. 일하면서 신인상도 몇 번 받고, 연말에는 연도 대상까지 받았다. 경주에서 대상 시상식과 축하공연이 1박 2일에 걸쳐 진행되었다. 부상(副賞)으로 4박 5일짜리 호주 여행권이 준비되어 있었지만, 아이들을 돌보느라 여행을 다녀올 수 없었기에 여행권 대신 현금을 받았다. 그때 받은 돈으로 차도 바꿨다.

그 뒤로 보험 영업 일을 계속하다가 결국 한계가 왔다. 설계사 등급이 올라갈수록 맞춰야 할 실적 할당량이 점점 올랐기 때문이었다. 육아와 병행하려니 부담스럽기도 했다. 나는 화려했던 보험 설계사 생활을 접고 다시 일상으로 돌아왔다. 그렇게 가사와 육아에 지쳐갈 때쯤 다시 입덧이 시작되었다. 다섯째가 생긴 것이다.

그때 내 나이가 마흔넷이었다. 남편을 비롯한 주변 사람들 모두가 걱정했지만 나는 이번 아이도 낳고 싶었다. 그렇게 고생 끝에 다섯 번째 아이를 출산했다. 예쁜 공주님이었다.

딸 넷에 아들 하나로 구성된 다섯 남매는 지금까지도 나의 든든한 버팀목이 되고 있다. 한 아이도 포기하지 않고 낳기를 잘했다는 생각이 든다.

남편은 옆에서 내 산후조리를 책임졌고 육아를 함께하며

이태숙

ⓒ 이나현

빈틈없이 가정을 돌보았다. 그런 와중에도 교육부 공직생활과 연구를 병행하여 석·박사 과정을 수료했다.

어느 날, 남편이 동신대학교 방사선과 합격 통지서를 보여 주며, 편입했다고 말했다. 나는 깜짝 놀랐다. 남편의 전공은 컴퓨터 과학인데 방사선과는 그와 전혀 관련 없는 의료 분야가 아닌가. 남편은 곧 퇴직인데, 아이들은 아직 어려서 할 일을 찾아야겠다 생각했다고 말했다. 이전부터 병원에서 일해 보고 싶은 마음도 있어서 방사선과에 편입 원서를 냈다는 것이었다. 다 계획을 세워 놓고 있었구나, 싶었다. 남들은 4년 동안 공부할 양을 남편은 2년 만에 끝내고 다음 해, 방사선사 면허증을 취득했다. 의학 공부를 해 본 적 없는 남편의 삶을 생각하면 놀라운 일이었다.

훗날 남편에게 방사선과를 선택하게 된 정확한 이유를 들을 수 있었다. 내가 사기를 당해 두통으로 고생하던 시절, 근처 대학병원에서 온갖 검사를 해도 원인을 찾지 못하다가 서울에서 비로소 원인을 찾은 적이 있었다. 그때 남편은 방사선 사진 촬영에도 실력이 필요하다는 걸 깨달았다고 한다. 그래서 직접 방사선을 공부하고 정확한 사진을 찍어 봐야겠다는 결심이 들었다고 말했다. 그 말을 듣고 울컥했다. 그가 참 대단한 사람이라는 생각이 들었다.

현재 남편은 동생의 병원에서 방사선사 겸 행정부장으로 일하고 있다. 남편과 동생이 함께 일하니 내가 도움을 많이 받는다. 몸이 아플 때마다 영양제도 맞고 물리치료도 할 수 있고, 남편이 방사선 사진도 찍어 주곤 하니 말이다.

남편은 나의 가장 소중한 자산이다. 남편이 가족들을 얼마나 끔찍이 챙겼는지, 나는 평생 그 은혜를 다 갚지 못할 것이다. 남편은 아이들의 학교나 유치원에서 행사가 있으면 꼭 참여해서 무거운 카메라로 사진과 영상을 찍어 주는 아버지였다. 어떤 행사에서는 막내딸의 피아노 연주에 맞춰 '마법의 성'을 부르기도 했다. 노래가 끝나고 관객들에게 박수갈채를 받았다.

해외여행

큰딸이 중학생일 때, 남편이 획기적인 제안을 했다. 마침 방학이니 아이들을 큰딸에게 맡겨놓고 우리 둘이서 해외여행을 다녀오자는 것이었다. 가사와 육아로 고생하는 내가 안쓰러웠던 것 같다. 여행은 좋았지만 애들 걱정이 앞섰다. 하지만 남편은 단호하게 이제 큰딸이 그 정도는 할 수 있는 나이라고 말했다. 딸에게 용기를 심어 주고 생활비를 챙겨 주었다. 덕분에 우리는 9박 10일 동안 유럽 여행을 다녀올 수 있었다.

아이들이 걱정이었지만 여행하는 9박 10일 동안 나는 집안일에서 해방되었다. 음식을 만들지 않고 레스토랑에 가서 먹기만 하니까 정말 편했다. 남편이 이것저것 잘 챙겨

줘서 나는 편하게 여행을 즐길 수 있었다.

   일일이 다 기억하지는 못하지만, 정말 좋은 곳을 많이 다녔다. 우리는 영국 런던에서 버킹엄 궁전, 대영박물관, 타워 브리지를 구경하고 프랑스 파리로 넘어갔다. 파리에서는 루브르 박물관을 관람하고 개선문, 콩코르드 광장, 노트르담 대성당을 갔다. 프랑스 여행 중 가장 기억에 남는 것은 몽마르트르 언덕에 갔을 때 일이다. 몽마르트르 언덕은 예술가들이 많이 살기로 유명한 장소로다. 그래서인지 거리의 화가들이 많았다. 남편이 한 화가에게 달러를 주며 내 초상화를 그려 달라고 말했다. 그때 받은 그림은 지금도 우리 집 벽에 걸려 있는데 꼭 프랑스 여인처럼 그려져 있어서 볼 때마다 겸연쩍다. 알프스산맥에서 몽블랑 등정을 했던 것도 잊을 수 없는 기억이다. 정말 아름다운 설산이었다. 밤이면 화려한 야경을 즐기며 아이들에게 줄 선물을 골랐다. 그때 카드를 너무 많이 쓰는 바람에 돌아와서 카드 청구금을 갚느라 고생했다. 여유가 되면 더 늙기 전에 다른 곳도 다녀보고 싶다는 생각이 들었다.

   몇 년 후 다섯째가 태어나고 큰딸이 대학생이 되었을 때, 우리 부부는 호주, 뉴질랜드, 미국, 캐나다를 여행했다. 딸이 성인이니 유럽 여행할 때보다 걱정을 덜었다. 한 번 동생들을 본 경험이 있는 딸은 문제없이 동생들을 책임졌다. 큰딸 덕분에 두 번이나 여행을 다녀올 수 있었다.

© 이나현

이태숙

나이아가라 폭포에서

큰딸은 우리 부부에게 참 고맙고 든든한 존재다.

  호주와 북아메리카 대륙은 문화유산이 많은 유럽과 달리 자연 풍경이 아름다웠다. 캐나다와 미국 사이 위치한 나이아가라 폭포를 봤을 때 광경이 아직도 생생하다. 세상에서 가장 큰 폭포 중 하나라는 수식어가 아깝지 않게 어마어마한 위용을 자랑했다. 그 광경에 압도당하는 느낌이었다. 멋진 풍경 덕분에 예쁘게 찍힌 사진들이 많다. 그때 남편이 찍어 준 사진들을 아직도 잘 간직하고 있다.

  여행을 무사히 갔다 올 수 있었던 데는 우리 남편의 공이 가장 크다. 갈 때마다 남편이 옆에서 부족함이나 힘든 것 없도록 살피고 챙겨 주었다. 어딜 가든 남편이 챙겨 줄 거라는 믿음이 있어서인가, 남편과 다니면 즐겁고 마음이 편하다. 그 후로 일본 여행도 다녀왔다. 앞으로 더 많은 곳을 여행해 보려고 한다.

인생에 한방은 없다

  인생에 한 방은 없다. 한 방 잡으려다 한 방에 가 버리곤 한다. 나는 제테크를 모르는 사람이었다. 그저 틈틈이 모은 돈으로 집을 사고, 아이들을 가르치고, 작은 상가도 하나 장만하며 살아왔다. 그런 내게 같은 아파트에 살던 이웃이 영농 조합 투자를 권유했다. 이웃은 자기 통장을 보여 주며 나도 이렇게 벌었다고 자랑했다. 아이들을 교육하려면 돈도 계속 필요할 텐데, 거기에 보탬이 되지 않겠냐는 말로 나를 살살 꾀었다. 우리 집 첫째가 대학원생이고, 둘째는 대학생, 아래 두 아이는 고등학생에 막내가 초등학생일 때였다. 나는 이웃의 말에 솔깃해서 우선 통장에 있는 잔액을 영농조합에 투자했다. 그러자 돈이 들어왔다. 그 다음번에는 대출받아 돈을 넣었다. 더 큰 돈이 들어왔다. 그런 식으로 계속 넣으니 들어오는 돈이 커졌다. 이런 식이라면 큰딸 중국 유학도 보내 주고, 차도 사 줄 수 있을 것 같았다. 아파트를 담보로 대출까지 받아 그 돈으로 투자했다.

그리고 영농 조합 공금 횡령 사건이 터졌다. 횡령액이 워낙 커서 부도가 났다고 했다. 조합원이 400여 명 정도 되는데, 그들의 돈이 말 그대로 녹아 버렸다. 나는 뛰쳐나와 조합 건물로 달려갔다. 나처럼 소식을 듣고 달려 나온 조합원들로 아수라장이었다.

횡령자는 구속되었고, 회장단은 상황을 수습한다고 조합의 남은 자산을 탁상 위에 올려놓은 채로 협상을 시작했다. 투자액만큼의 가치를 지닌 땅으로 보상하자는 해결책이 채택되었고, 나는 경기도 양평군에 있는 임야를 이전받았다. 하지만 말이 투자액만큼이지, 땅이 원래 가치에 비해 너무 비싸게 책정되어서 받으나 마나 마찬가지였다. 내놓아도 사겠다는 사람이 나타나지 않았다.

눈앞이 캄캄했다. 생활비를 감당하기도 벅찬데 대출이자는 점점 불어났다. 애들 교육비를 댈 엄두도 나지 않았다. 방법이 없으니 매일 눈물만 흘렸다. 아이들도 그 영향을 고스란히 받았다. 교수를 목표로 공부하던 큰딸은 대학원을 휴학하고 일을 시작했다. 둘째 딸은 공부와 아르바이트를 병행하며 겨우 대학을 마쳤다. 고등학생이던 셋째와 넷째는 마음을 잡지 못하고 괴로워했다. 막내딸마저 스트레스로 갑상샘에 이상이 왔다. 집안이 흔들리고 있었다.

나는 충격으로 아무것도 할 수가 없었다. 머리가 터질 것 같은 두통이 종일 떠나지 않았다. 검사를 받아도 원인을 알 수가 없어 동생 병원에 입원했다가, 서울 아산병원으로 갔다. 그곳에서 원인을 발견했다. 척추에 구멍이 나서 척수가 새는 바람에 뇌가 가라앉고 있다고 했다. 나는 상태가 더 나빠지기 전에 치료받기로 했다. 입원한 뒤 각종 검사를 하고 시술을 받았다. 내 피를 뽑아 그 구멍을 막는 시술이었는데, 병원에서는 그 시술을 받은 뒤 24시간 동안은 절대 움직이면 안 된다고 했다. 수술 후 나는 누워서 밥을 얻어먹고, 소변을 내보내며 버텼다. 누워만 있으니 몸에 경직이 왔다. 온몸이 굳어서 움직일 수가 없었다. 굳은 근육을 푸느라 또 한참 고생했다.

그 후로 몸이 계속 망가졌다. 허리 디스크가 터져서 수술을 받았다. 골절상을 당해 수술받은 왼쪽 팔이 감염되어 뼈를 깎아 내기도 했다. 이후 팔이 불편해서 몸에 균형이 잡히지 않았는데, 그 때문에 빙판을 걷다 넘어져서 수술한 왼쪽 팔에 골절상을 입었다. 깁스를 보통 사람보다 훨씬 오래 하고 지낸 탓에 손가락 경직이 오기도 했다.

가족들의 희생이 뒤따랐다. 남편은 박사 논문 마무리 작업 중이었는데, 나를 간호하느라 논문 작업에 집중할 수 없었다. 큰딸은 자기가 무주스키장에서 일하며 벌어온 360만 원을 동생의 대학 납부금으로 내라며 건네줬다. 그 돈을 받고 나는 그만 울고 말았다. 이 못난 아내, 엄마를 살리려고 가족이 이렇게 지극정성을 다하다니. 이겨 내지 않을 수가 없었다. 그때 가족이 아니었으면 나는 이 자리에 없었을지도 모른다. 고민 끝에 언니에게 도움을 청했고, 언니는 병원 동생에게 내 상황을 알렸다. 동생은 이자를 갚으라며 흔쾌히 돈을 보내 주었다. 자식이 많아 돈 쓸 일이 많으니 그런 유혹에 넘어갈 수도 있다고, 누나 잘못이 아니라고 말해 주었다. 역시 우리 동생이었다. 힘들게 공부해서인지, 사람 자체가 좋은 건지, 남의 어려운 사정을 잘 헤아려 줬다.

일단 나는 동생의 도움으로 급한 불을 끈 뒤 아이들부터 챙겼다. 막막하지만 내게는 가족들이 있으니 문제를 찬찬히 하나하나 풀어가자고, 결심했다.

이태숙

내 보물, 아이들

　잠시 내 아이들에 대해서 좀 더 자세히 이야기하고 싶다. 똑같이 내 배로 낳은 다섯 남매지만 어쩜 그렇게 다르고 개성이 넘치는지 신기할 정도다.
　큰딸은 어린 시절을 시골의 친정 부모님 집에서 보냈다. 내가 바빠서 돌볼 상황이 되지 못했던 탓이었다. 큰딸은 5살이 될 때까지 주중에는 부모님 집에서, 주말엔 광주에 있는 우리 집에서 지냈다.
　엄마는 당신 백부의 곁에서 어깨너머로 글을 깨우칠 정도로 총명하신 분이셨다. 그런 엄마가 키우셔서 그런가, 큰딸은 아기 때부터 참 똑똑했다. 엄마는 손녀를 업고 다니며 버스 번호판이나 달력에 적힌 숫자를 읽어 주셨는데, 큰딸은 할머니의 교육을 통해 숫자를 깨우쳤다. 그 덕분인지 큰딸은 수학을 참 잘했다. 중·고등학생 때는 학교 대표로 교육청 수학 경시대회에서 상을 타 오기도 했다. 한글도 비슷한 방법으로 익혔다. 큰딸이 3살이었을 무렵, 나는 동화책 2권을 친정집으로 보내 줬다. 엄마는 큰딸이 따라 읽을 수 있도록 매일 동화책을 읽어 주셨는데, 큰딸은 머지않아 동화책을 줄줄 외웠다. 너무 신기하고 기특했다.
　아이가 5살이 되었을 때 유치원에 보내려고 우리 집으로 데리고 왔다. 어머니는 정 들여 키운 아이가 곁을 떠난 게

이태숙

가족들과 함께 박사학위 수여식에서

아쉬워 매일 눈물을 흘리셨다. 글과 숫자를 가르쳐 주며 예뻐했던 손녀인데 오죽 슬펐을까?

　엄마는 이미자의 '동백아가씨'를 참 좋아하셨다. 큰딸이 아직 친정집에 머물 때, 농사일하면서 아이에게 불러 주다가 노래를 다 익힌 다음에는 함께 부르곤 했다. 남편은 장모님이 부르는 '동백아가씨' 때문에 아예 동백나무를 얻어와 친정집 마당에 심어 놓았다. 큰딸은 아직도 그 추억을 간직하고 산다. 지금은 인천에서 둥지를 틀었지만, 광주에 내려올 때면 할머니, 할아버지의 산소에는 꼭 들른다.

　큰딸은 유치원에서도 유달리 똑똑한 아이였다. 2년 만에 월반하더니 유치원에서 가르쳐 주는 한글, 한문을 다 깨우쳤다. 유치원에서는 더는 가르칠 것이 없다고 조기 졸업시켰다. 나는 난감했다. 취학 통지서가 나오려면 1년을 더 기다려야 하는데, 그전까지 아이를 맡길 곳이 마땅히 없었다. 우리 부부는 이곳저곳 알아보다가 계림동 성당 근처에 화교소학교가 있다는 것을 알았다. 한국인을 받아 줄지 의문이었지만 일단 무작정 상담을 받았다. 화교가 아니어도 입학할 수 있다고 했다. 큰딸은 화교소학교에서 5년을 보내며 중국어를 익혔다. 워낙 유창해서 중국어를 배울 수 있는 학교로 진학시키고 싶었는데 광주에는 화교 중학교가 없었다. 어쩔 수 없이 한국인들이 다니는 초등학교로 옮겼다.

큰딸은 고등학생 때 다시 중국어 공부를 시작했다. 중국어 시험에서 금상도 받아 왔다. 이후 큰딸은 담임 선생님의 권유로 전남대학교 중문과에 지원해 수석으로 합격했다. 대학에 다니는 동안 중문학과 교육학을 복수 전공했고, 상해에 교환학생으로 다녀오기도 했다. 전공이 잘 맞았는지 교수님의 제안으로 대학원에 진학했으나, 나의 실수로 집안이 흔들리는 바람에 휴학을 결정했다. 여러 아르바이트를 전전하다가 모교에서 중국어 교사로 근무했다. 이후 인천으로 발령이 났다.

먼 타지에서 외로웠는지 큰딸은 곧 마음이 맞는 상대를 만나 결혼했다. 사위는 대기업 회사원으로 아주 건실한 청년이었다. 인천에 둥지를 틀어 예쁜 아들딸도 낳았다.

현재 큰딸은 부천에 있는 여고에서 중국어 교사 생활을 하고 있다. 바쁜 와중에도 일본어를 정복해 보겠다며 인천대학교에서 석사 과정을 시작했다. 얼마 전에는 전 과목에서 'A+'를 받았다며 전화를 걸어 자랑했다. 아이를 키우고 학생들을 가르치는 와중에도 밤새워 공부하며 노력한 결과였다.

큰딸은 시간이 허락된다면 박사 학위도 따고 싶다고 이야기했다. 일단 마음만 먹으면 해내고야 마는 인내심과 끈기가 남편과 판박이다. 어려서부터도 유달리 똑똑했지만, 자신의 재능을 꽃피운 것은 다름 아닌 딸아이 자신의 노력이다. 나는 우리 큰딸이 너무 자랑스럽다.

둘째는 어려서부터 책을 좋아하고 독서 일기를 잘 썼다. 노래도 잘 부르고 춤도 잘 췄다. 영어동화구연대회, 웅변대회도 나갔는데 다른 사람의 도움 없이 혼자 준비해서 무대에 올랐다. 뭐든지 척척 잘 만들고 독창적인 생각도 곧잘 했다. 자기 주관이 강하고 강단이 있는 성격이었다.

한 일화가 생각난다. 둘째 딸은 담양에 있는 창평고등학교에 진학했다. 거리가 있다 보니 주중에는 기숙사에서 생활하고 시간 날 때 집에 왔다. 나는 방학을 맞아 집에 온 둘째를 시내의 유명 학원에 보내 주었다. 딸이 원하던 수학 보강을 해 주기 위해서였다. 그러나 며칠 후 둘째는 학원비를 환불받고 돌아왔다. 학원 선생이 과제를 안 해왔다고 딸에게 심한 말과 체벌을 했다는 것이다. 딸은 그런 자세를 가진 선생과는 공부할 수 없다며, 일단 <u>스스로</u> 공부해 보겠다고 선언했다. 둘째는 그날부터 수학을 더 열심히 공부했다. 나는 그런 딸의 모습을 보고 공부란 억지로 시켜서 되는 게 아니고 <u>스스로</u>가 하는 것임을 배웠다.

한번은 병원 동생이 둘째 딸이 책을 좋아한다는 말을 듣고 시내 서점에 아이를 데리고 가서 네가 원하는 책을 모두 다 골라 보라고 말했다. 딸은 아르센 뤼팽 전집 20권과 셜록 홈스 전집 10권, 그 외 다른 책들까지 40권의 책을 골랐고 동생은 훌륭한 작가가 되라며 그 책들을 모두 사 주었다. 우리 딸도 딸이지만 동생도 한 배포 한다는 것을 그때 알았다.

둘째는 결혼하고 회사를 설립해 독창적인 사업을 하고 있다. 방송 편집부터 키오스크 개발, 카카오 웹 개발 등 많은 작업을 하는데, 항상 바쁘다. 둘째가 세상에서 마음껏 뜻을 펼치기를 기도한다.

셋째는 학창 시절, 한 번도 빠짐 없이 반장을 하고 전교회장을 했다. 공부를 잘하는데 성격도 화통하고 얼굴도 예뻐서 인기가 많았다.

하고 싶은 일은 꼭 해내는 자유로운 영혼이다. 항공사에 취직하고 공부를 더 하겠다며 경희대에 편입했다. 졸업하고 항공사에 다시 취업해서 잘 다니고 있다. 앞으로도 본인의 뜻대로 멋진 인생을 꿈꾸길, 살아가길 기도한다.

우리 집 유일한 아들인 넷째는 공부도 잘하고 운동도 잘했다. 법조인을 꿈꾸며 전주 상산고등학교에 진학해 문과를 선택했지만, 적성과 맞지 않아 방황했다. 고등학교 졸업 후 고려대학교 경영학과에 합격했음에도 입학하지 않고 의대에 가기 위해 재수를 선택했다. 하지만 수험기간이 길어지자 포기하고 전남대학교 공대에 진학했다. 공부에 재능이 있고 성실한 아이라 조금 더 일찍 적성에 맞는 길을 찾아 줬다면 의대에 진학할 수 있었을 것이다. 아쉬움이 크다. 지금은 군 제대 후 복학했고 졸업 후 석·박사 과정을 생각하고 있다.

2002년 5월 18일에 태어난 다섯째는 온 가족의 사랑을 받으며 자랐다. 첫째 딸처럼 막내도 화교소학교에 보냈다. 막내는 틈만 나면 중국의 사극을 보면서 영상에 나오는 의상을 그렸는데 표현이 화려하고 꼼꼼했다. 지금은 중문과에 재학 중이다. 막내라서 그런지 순진하고 사랑스러운 아이다. 막내는 원래부터 인문학에 관심이 많았고, 그중에서도 역사를 굉장히 좋아한다. 순하지만 할 말은 똑부러지게 다 하는 귀염둥이다. 중문과 교수가 되면 참 잘 어울릴 것 같다. 하지만 본인의 꿈과 생각이 제일 중요하니, 기다릴 것이다.

돌아본다, 내 삶을

가족들의 생일이 돌아오면 가족 단톡방은 축하 메시지를 전하느라 난리가 난다. 이럴 땐 멀리 있는 딸들과 한집에 있는 기분이 든다. 몇 년 뒤 셋째부터 다섯째까지 가정을 꾸리면 할 일을 끝마친 나는 과거를 돌아봄과 동시에 여생을 자유롭게 보낼 수 있지 않을까 기대해 본다. 나에게는 미래에 대한 꿈과 기대가 있다.

지금까지 살아오면서 수많은 일을 겪고 어떻게 살아야 하는지에 대한 내 나름의 해답을 얻었다. 그 해답은 감사하며 살아야 한다는 것이다. 요즘 나는 모든 일에 감사하며 살아가고 있다. 여기에 다 적지 못한 아프고 힘든 일들이 많다. 나에게 사기를 친 사람들, 내가 잘될 때 시기 질투한 사람들, 자기 자식만 최고인 사람들, 남의 아픈 상처를 건드린 사람들, 무례한 사람들…… 이들 때문에 나는 상처받고 울고 힘들어했다. 하지만 나에게는 버팀목이 되어 준 가족들이 있었다. 어머니와 아버지, 우리 언니, 큰오빠, 작은오빠, 병원 동생, 내 자식들, 그리고 내 남편. 모두가 나를 이끌어 주었다.

　어쩌면 상처받은 일들에 더욱 감사해야 하는 건지도 모르겠다. 그 일들로 인해 나는 더 단단해졌고, 진정으로 소중한 게 무엇인지 알게 되었으니 말이다.

　딸들은 모두 타지에 있지만, 아들은 우리 부부와 함께 있다. 아들의 존재가 얼마나 든든한지 모른다. 자식들은 한결같이 우리 걱정은 하지 말고 엄마 아빠 건강만 잘 챙기라고 말한다. 사위들은 집에 올 때마다 몸에 좋다는 건강식품을 챙겨 온다. 큰사위는 오래된 가전제품을 하나씩 새것으로 바꿔 주기도 했다. 고맙고 미안하다.

　서두르지 않고 꾸준히 걷다 보면 걸어온 시간이 행복이 되어 있을 거라고 믿는다. 행복은 마음 편하게 사는 것이다. 각자 위치에서 서로를 격려하고, 욕심부리지 않으면 행복은 저절로 찾아온다. 많이 가지지 않아도 내 형편대로 사는 게 가장 좋은 것 같다. 있다고 자랑할 것도, 잘났다고 소리칠 것도 없다. 없다고 기죽을 것도 없다.

우리 부부는 주말마다 근교를 드라이브하거나 맛집을 찾아가곤 한다. 최근엔 지리산 노고단을 등정했다. 올라갈 땐 힘들었지만, 오르고 보니 웅장하고 장엄하기까지 한 절경에 압도당했다.

일요일에는 친정 부모님이 남기신 시골집 밭에 가서 풀도 뽑고 심어 놓은 채소들을 따 와서 밥상을 차려 먹는다. 그러면 어릴 때 부모님과 함께 먹던 밥상이 떠오른다. 9월이면 아로니아와 꾸지뽕이 열릴 것이다. 매실, 앵두, 대추, 복숭아, 살구, 감, 무화과, 포도, 사과, 블루베리, 오디 등등 없는 게 없는데, 전부 큰오빠가 귀농해서 다 심어 놓은 것들이다.

우리 부부는 아침마다 마를 다듬어서 갈아 먹는다. 삶은 달걀과 과일도 아침으로 함께 먹는다. 그래서인지 위장이 건강하게 유지되고 있다.

아침마다 출근하는 남편이 있고, 집에서 멀지 않은 곳에 동생의 병원이 있어서 좋다. 또한 나무와 화단이 있어서 숲속의 공원 같은 아파트 단지도 마음에 든다. 새소리를 들으며 청량한 아침 공기를 마시면 기분이 좋아진다.

몇 년 전 일이 생각난다. 증심사에서 엄마의 사십구재를

이태숙

시골집에서

모실 때였다. 나를 비롯한 우리 이씨 집안 오 남매가 다 있었는데, 내 이름을 어찌 아셨는지 한 스님이 "이태숙 씨."하며 큰딸과 함께 제사상을 옮기던 나를 불러세우셨다. 그러더니 대뜸 "집안의 큰일을 혼자 다 해."라고 말씀하셨다.

  너무 놀랐다. 집안에 큰일이 많이 생겨 힘들 때였다. 나는 병이 날 지경인데 집안을 돌보느라 나를 돌보지 못하고 있었다. 엄마가 돌아가시고 난 후, 장례를 빌미로 한 발짝 물러나 있었는데 스님이 정확하게 알아보셨다. 스님은 설법하실 때도 내 이름만 불러 주셨다.

  생전에 엄마는 나를 참 자랑스러워하셨다. 내가 집안의 가장 같은 존재여서 그런지 의지를 많이 하셨다. 병원 동생도 이제는 집안의 어엿한 기둥이지만, 내 뒷바라지를 받던 시절이 있었다. 나는 이제까지의 삶을 숙명처럼 여기고 살아왔다. 우리 가족 모두가 고생한 것을 안다. 그런데 다른 누구도 아닌 생면부지의 스님이 나를 알아주니 마음이 찡했다. 이후로 그 스님을 다시 뵌 적은 없다. 기회가 되면 뵙고 싶다. 그때 스님이 해 주신 말씀이 큰 위로가 됐다고 전하고 싶다.

이경남 李坰南 이야기

저는 1940년 1월 18일 전라남도
광양시 민서리 12번지에서
태어났습니다.

저는 요즘 건강을 위해 매일 수영장에
다니고 있습니다. 수영장의 연세 많은
회원들과 교류하는 재미로 지내며,
잠이 오지 않는 밤이면 회원들과 나눠
먹을 누룽지를 만들곤 합니다.

가족에게 보내는 한마디

살다 보면 힘들고 고단한 일이 생긴다. 돌아가는 길이 편하고 안전할 수 있는데 위험을 무릅쓰고 지름길로 가려고 한다. 요즘은 언제부터 이렇게 되었는지, 텔레비전을 보기 힘들 때가 많다. 폭력에 친족살인까지, 어쩌자고 세상이 이 모양일까. 현실이 가혹하다. 마음 달래는 방법을 익혀라.

내 인생의 키워드

봉사, 여행, 가족

나의 출생

나는 1940년 1월 18일 전라남도 광양시 민서리 12번지에서 태어났다. 아버지 이문화는 취미로 활을 쏘았는데 궁도대회에서 상을 타실 정도였다. 그 당시 우리 동네에서 꽃가마를 타고 시집온 사람은 우리 어머니 하복남이 유일했다. 아버지는 어머니와 결혼한 뒤 진주 궁도대회에서 만난 기녀를 첩실로 맞으셨다. 그분이 아이 여섯 명을 낳으셔서 우리는 팔남 칠녀로 총 십오 남매가 되었다.

아버지는 양조장, 정미소를 운영하셨다. 6·25 전까지 우리 집에는 집사, 심부름하는 박 서방, 한약 달이는 꼽추 영감, 시장 보는 아주머니가 한 명씩 있었고 무명실을 만드는 할머니, 머슴과 식모가 각각 두 명씩, 총 열 명이 있었다. 사람이 많아서 명절이면 떡국과 절편, 인절미, 쑥떡, 팥시루떡을 한 가마씩 만들어 나누어 먹었고, 장을 담그려면 소금물 백 동이를 풀어 담아야 했다. 한 달에 쌀을 다섯 가마씩 썼다.

할아버지는 큰오빠 이경호를 일본 규슈대학으로 유학을 보냈다. 어머니께서 큰오빠를 위해 오래 두고 먹을 수 있는 간식을 만들면 박 서방이 부산에서 배를 타고 일본까지 갖다 주었다. 큰오빠는 이후 사법시험, 행정고시에 합격하여 법무부 법무국장, 법무부 차관, 국방부 차관,

보건사회부(현 보건복지부) 장관을 역임하고 퇴임했다.

   둘째 오빠 이경식은 몸이 약해서 광주서중학교 졸업 후 학업을 이어가지 않고 정미소 일을 배웠다. 그리고 나주에서 양조장을 운영하는 주 씨 집 일곱째 딸과 결혼했다. 그들의 둘째 아들 이승재는 고시에 합격하고 해양청장을 하다 퇴임하여 지금은 변호사 사무소를 개업했다.

   셋째 오빠 이경모는 화판을 둘러메고 그림을 그리러 다녔다. 공부는 뒷전이었다. 할아버지는 "환쟁이 되려고 그러느냐."하며 일본으로 유학을 보내려 했지만, 셋째 오빠는 가지 않겠다고 고집을 부렸다. 그러던 차에 광주서중학교 입학 통지를 받았고 할아버지는 합격 선물로 쌀 몇 가마와 일제 미놀타 카메라를 사 주셨다. 오빠는 광주에서 집으로 돌아오면 카메라만 끼고 다녔다. 나는 매일 옷을 갈아입으며 오빠의 모델이 됐다.

   셋째 오빠는 광양 군수로 있던 김 씨 집 큰딸과 결혼했고 스물세 살부터는 전남일보 사진부장을 하다, 전 백두진 국무총리 비서실장까지 지냈다. 그러다 본업으로 돌아와 '이화 필름'을 운영했다.

   오빠는 사진만 찍을 뿐 아니라 카메라도 수집했다. 국내외를 다니면서 카메라 1,590대를 모았다. 그 카메라들을 광양시에 기증하려 했지만, 광양시에 카메라 박물관을 마련할 예산이 없어 무산되었다. 삼성 창립자 故

이병철 씨가 십칠억 원에 구매 의사를 밝혔지만 개인에게 넘기고 싶지는 않다며 거절했다. 이후 나주 동신대학교에서 '이경모 카메라 박물관'을 짓게 되어 무사히 기증할 수 있었다. 한꺼번에 진열할 수 없을 정도로 카메라가 많아서 삼백 대씩 교대로 진열해야 했다. 박물관 개관식 때 손님이 많이 오셨고 거기에 우리 남매들도 참석했다.

나에게는 형제들이 열다섯이나 있어 모두의 이야기를 자세히 적지 못했다. 가족들에 대한 이야기는 따로 준비 중인 개인 자서전에 쓸 생각이 있어 여기서는 오빠 세 명에 대해서만 적었다.

6·25 전쟁

1950년, 보슬비가 내리던 날이었다. 우리 집 작은 머슴이 학교에 와서 선생님에게 귓속말을 했다. 그러자 선생님이 나를 부르시더니 집으로 가라고 했다. 그리고 얼마 후인 1950년 6월 25일 새벽 네 시 삼십 분, 삼십만 인민군이 남침했다. 아버지는 어머니께 돈만 주고 집을 떠난 뒤였다. 후에야 안 일이지만, 아버지는 첩실인 작은엄마 식구만 경찰서 스리쿼터(짐을 싣는 자동차)를 태워 진주 친정집에 내려 주고 본인은 부산으로 피신하셨다. 우리 어머니는 기가 막혀 하늘만 쳐다봤다고 하셨다. 우리 식구는 재실

산지기 집으로 피난을 갔다.

그러던 어느 날이었다. 작은엄마의 부친께서 손주들을 데리고 오셨다. 진주에서 광양까지 몇 날 며칠을 걸어왔다고 하셨다. 친정으로 피난 간 작은엄마와 아이들이 하지감자를 삶아 먹고 있는데 비행기 마흔 대가 날아와, 아이들을 방공호에 숨기고 작은엄마는 총에 맞아 돌아가셨다는 것이다. 우리 어머니는 아이들이 무슨 죄가 있느냐며 먹이고 씻기고 옷을 사 입히셨다. 그렇게 우리는 십오 남매가 되었다.

광양에는 지리산을 거점 삼아 투쟁한 빨치산 남부군 사령관 '이상현'이 있어서 인민군이 많이 와 있었다. 인민군 사백 명 중 서초등학교에 백 명, 동초등학교에 백 명, 광양중학교에 백 명이 살았는데 우리 집이 동네에서 가장 크다며 남은 인민군 백 명이 들어와 살게 됐다. 인민군과 한패가 된 큰머슴과 인민군 대장이 우리 집 창고 열쇠를 압수해 갔고 우리 식구는 큰방과 작은방, 대청마루만 써야 했다. 어머니는 "세상이 바뀌었다고 이럴 수가 있는가."하며 통탄해하셨다. 그래도 우리 식구가 먹을 양식은 받을 수 있었다. 매일 가마솥 두 개를 걸어 놓고 밥을 했는데 다섯 명씩 식사 당번을 맡고 일주일에 한 번씩 교대했다. 나는 당시 열 살 무렵이었기 때문에 그런 상황이 무서운 줄 모르고 어린 인민군들과 같이 마당에서 놀기도 했다.

인천상륙작전 이후 국군이 9월 28일 서울중앙청에

태극기를 꽂으면서 우리 집에 있던 인민군 백 명도 그날 자정에 떠났다. 큰머슴은 어머니에게 창고 열쇠를 돌려주고 인민군 대열에 끼어 이북으로 갔다. 그러다 다리에 총탄을 맞아 다시 돌아왔다. 아버지는 사죄하는 큰머슴을 용서하고 경찰에 자수시켜 가벼운 벌을 받고 나오게 했다.

 인민군이 철수한 뒤에도 빨치산은 백운산과 지리산에 남아 있었기 때문에 거의 매일 쳐들어와 양식을 갈취해 갔다. 경찰들은 빨치산이 마을로 진입하지 못하도록 대나무를 연결해 읍 전체를 막았고, 큰길 쪽에는 분초막을 만들어 군, 경, 민간인이 교대로 지켰다. 그래도 빨치산은 마을에 들어왔다. 둘째 오빠가 일하는 정미소와 우리 집에도 불을 질렀다. 학교에도 불을 질러 학생들은 화판을 메고 돌 위에 앉아 공부해야 했다. 나중에는 군경이 합세하여 백운산 토벌 작전을 통해 빨치산의 목을 베 와서 광양군민(현재의 '광양시'는 1895년~1994년까지 '광양군'이었습니다)이 볼 수 있도록 했다. 우리들은 무서워하면서도 매일같이 구경했다.

중학교, 고등학교 시절

 중학교에 다닐 때 나는 가끔 친구를 집으로 데려와서 같이 먹고 자며 공부하기도 했다. 그 친구 부모님도 우리 집에 간다고 하면 허락해 주셨다. 그 친구와 아침도 먹지 않고 일찍 학교에 가서 공부하다가, 배가 고파 풋감 따 먹는 것을 들켜서 교장 선생님께 꾸중을 듣기도 했다. 지금도 그 친구와 만나면 풋감 이야기를 하며 웃는다.

나는 순천여자고등학교에 다녔는데, 어느 날 아이들로부터 수학 선생님이 그림 공부를 하다 쌀을 살 돈까지 잃으셨다는 이야기를 들었다. 나는 광양 아이들 열다섯 명을 모았다. 선생님 얘기를 하며 쌀을 한 되씩만 가져오라고 하자 티끌 모아 태산이라고, 그렇게 열다섯 되가 모였다. 그래도 부족한 것 같아 둘째 오빠네 정미소 공장장을 만나 사정을 얘기하고 다섯 되를 더 얻었다. 쌀 두 말을 들고 버스를 타긴 힘들어 거금을 들여 택시를 탔다. 선생님 사모님께 광양 아이들 열다섯 명이 모은 것이라고 쌀을 전해드렸다. 사모님은 고맙다고 하셨다. 나는 이렇게 항상 남을 돕는 데 앞장서고 살았다.

한국일보 레시피 당첨, 워커힐 회갑 잔치

나는 1963년 스물세 살에 다섯째 오빠의 소개로 남편을 만나 결혼했다. 결혼 전부터 요리에 취미가 있어 늘 어머니를 보고 따라 하곤 했는데, 1964년 7월에 한국일보의 레시피 아이디어 모집 공고를 보고 응모했다가

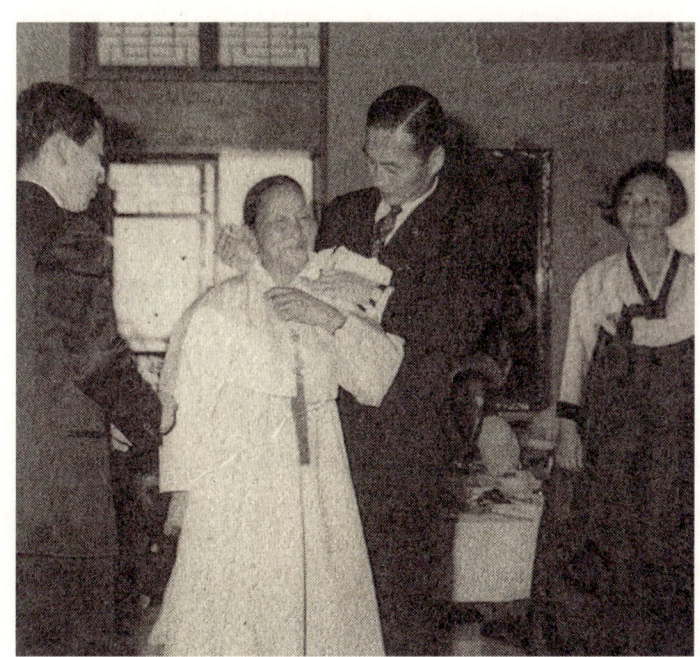
어머님 회갑(워커힐)

풋고추잡채 레시피로 당선되었다. 원고료로 삼천 원도 받았다. 풋고추잡채는 평소 해 먹는 잡채에다 풋고추만 썰어 넣는 것인데 얼큰한 맛이 있었다. 남편 친구들이 내 레시피가 실린 한국일보를 가지고 찾아왔기에 재료를 사다 한 상 차려 주었더니 원고료 삼천 원보다 훨씬 많은 돈을 써 버렸다.

1969년 4월에는 어머니의 회갑이 있었다. 큰오빠는 어머니 회갑 잔치를 시골 본가에서 하자고 했다. 셋째 오빠는 의견이 달랐다. 어머니가 십오 남매를 키우며 고생을 많이 하셨으니 회갑 날만큼은 손에 물 대지 않을 수 있게 편히 모시자고 했다. 다른 형제들도 셋째 오빠 말에 찬성했다. 그렇게 어머니 회갑 잔치는 '워커힐'에서 하게 되었다. 양식이 나온다고 해서 셋째 올케가 떡, 잡채, 약밥, 과일을 따로 준비했다. 그날 어머니는 일하지 않고 편히 쉬실 수 있었다. 점심을 먹고 노래에 맞춰 강강술래도 했다. 우리 손을 잡고 웃는 어머니의 모습을 보니 너무 기뻤다.

클럽 봉사 활동

1990년, 나는 친한 언니처럼 지내던 안 회장님의 권유로 '라이온스 클럽'이라는 사회봉사 단체에 합류했다. 남에게 봉사하며 내 마음도 달래기 위함이었다. 재무 일을 맡아 달라는 안 회장님 말을 거절할 수 없어 막중한 업무를 맡게 됐다. 나는 친구 여섯 사람을 더 영입했다. 라이온스라고 하면 거창하게 보일 수 있지만, 순수하게 봉사활동으로 시작한 일이었다.

'홍타 복지원'에 가서 시각 장애인분들께 식사대접을 한 일이 기억에 남는다. 나는 불고깃감을 미리 준비해 갔다. 밀감, 바나나, 과자, 음료 꾸러미 이백여 개도 내 자동차에 모두 실었다. 회원들과 홍타 복지원에 도착해서 보니 허허벌판에 건물 한 채가 있었다. 3월인데 아직도 눈이 녹지 않은 상태였다.

우리는 불고기를 무쇠솥에 볶고 대접에 담아 상을 차렸다. 점심 준비가 끝나자 시각 장애인분들이 난간을 잡고 질서 있게 계단을 내려오셨다. 나는 그것을 보며 산 사람은 어떻게든 살 수 있구나, 하고 생각했다. 식사 후 그릇을 정리하는데 밥 한 톨, 음식 찌꺼기 하나 남기거나 흘린 것이 없었다. 우리는 준비했던 간식 봉투를 들고 2층으로 올라갔고 복지원에서 준비해 준 점심을 먹었다.

다른 봉사활동 단체인 기독교 재단 '새문화 클럽'에서는 회원 스물네 명이 매달 돈을 만 원씩 모아 중학생 한 명에게 삼 년간 장학금을 지원했다. 나는 총무직을 맡았다. 초기 몇 년은 서울 학생만을 대상으로 했는데, 내가 지방 학생도 포함하자고 건의했더니 만장일치로 통과되었다. 나는 광양중학교의 교감 김영재 선생님을 만나 윤길석

이경남

라이온스 강남 진녀 클럽

학생을 추천받았다. 나는 아이 이름으로 나온 통장을 윤길석 학생에게 보여 주고 삼 년간 장학금을 보내 주었다.

홍콩, 대만

나는 항상 여행을 다니고 싶었다. 그래서 친구들과 여행 적금을 만들었다. 한 달에 오만 원씩 모아 삼 년 만에 가게 된 첫 여행지는 홍콩이었다. 1986년 6월 1일부터 11일까지로 일정을 잡았다. 여행사 직원에게 반찬을 가져가는 것을 허락 맡고 친구들에게 반찬을 한 가지씩 가져오라고 했다. 나는 이때부터 해외든 국내든 늘 반찬을 싸서 여행을 다녔다. 타지 음식이 입에 맞지 않을 때가 많았기 때문이다. 홍콩으로 떠나는 날에는 아들이 공항까지 태워다 주었다. 지인이 소개해 준 가이드 미쓰리와 함께 수속을 밟고 비행기에 탑승했다.

홍콩에 도착하자 현지 가이드가 우리를 기다리고 있었다. 그는 자신을 '쟈니 김'이라고 소개했다. 저녁은 한국인이 운영하는 식당에서 먹기로 했는데 홍콩 반환 반대 시위가 있어 상점과 식당들이 문을 닫은 상태였다. 거리가 온통 한산했다. 택시는 검은색 기를 달고 도로를 질주하고 있었다. 결국 우리는 가이드가 나가서 사 온 밥에, 각자 가져온 반찬으로 방에서 저녁을 먹었다.

다음 날 조식을 먹고 오전 여덟 시 반부터 본격적인 관광이 시작되었다. 쟈니 김이 홍콩에 대해 이것저것 설명해 주었다. 홍콩에는 이백오십 개의 섬이 있고 길은 비좁으며 일방통행이 많지만, 교통이 마비되지 않는다고 했다. 우리는 해양 박물관과 돌고래 쇼를 구경하고 한국인이 경영하는 한약 상점에 들렀다. 가격이 한국보다 저렴해서 친구들이 녹용을 많이 샀다. 다음 행선지인 면세점으로 가는 버스에서는 가이드가 우황청심환도 나눠 줬다. 나는 관광지 구경은 언제 하려고 물건 파는 데만 데려가나 싶었다.

사건은 호텔로 돌아와서 생겼다. 윤 여사가 상점에서 산 녹용을 뜯어보더니 양이 적다, 우리가 속았다며 환불받아야 한다고 아우성쳤다. 나는 괜히 여행을 망칠까 봐 조용히 덮어 두자 했지만, 윤 여사는 가이드를 불러 서울 여행사장님께 전화했다. 그리고 한약방에 항의해서 결국 환불받았다. 면세점 가는 길에 비싼 우황청심환을 나눠 줄 때부터 이상하다고 생각했다. 관광객들이 물건을 사면 가이드에게도 돈이 돌아오니 한약방에 데려갔을 것이다. 세상에 공짜는 없다. 나는 윤 여사가 똑똑한 여자라고 생각했다.

우리는 하루에 오천 명이 점심을 먹고 간다는 해상 점보식당에도 갔다. 바다 위 5층 건물에는 용을 상징하는 장식품이 휘황찬란하게 붙어 있었다. 식당에는 순금으로

이경남

만든 의자가 있었는데 거기에 식당 사장님이 앉아 있었다. 나는 시골 사투리 말로 "연달 없고 기덕 없는 사람이네."하고 혼자 중얼거렸다.

　세차게 불어오는 바닷바람 가르며 해저 터널을 질주하는 자동차들, 바다 위의 선상에서 오천 명이 식사하는 거대한 점보 식당. 밤의 풍경은 불야성을 이루고 국제 관광 무역으로 번창한 항구 도시 바다가 출렁였다. 우리는 흐르는 구름을 따라 저편 어느 곳으로 향하고 있었다.

　홍콩에서의 일정을 마무리하고 다음으로 찾은 나라는 대만이었다. 그런데 가이드가 여행안내는 뒷전이고 자기 자랑만 해대서 별로 얻은 게 없는 관광이었다. 대만 고궁 박물관에서도 설명을 제대로 해 주지 않아 이삿짐 뒤에 강아지 따라가는 격이었다. 그래서 우리는 가이드가 데려간 한약방에서 아무것도 사지 않았다. 누가 그런 사람을 믿고 거금을 내고 약을 사겠는가.

방콕

　대만을 떠나 방콕에 도착하니 키 크고 인상 좋은 한국인 가이드가 피켓을 들고 우리를 환영해 주었다. 양난과 재스민으로 된 목걸이도 걸어 주었다. 35도의 더운 날씨에 재스민 향기가 기분을 더해 줬다. 가이드인 미스터 강이 간단한 방콕어로 '안녕하세요.', '고맙습니다.', '알겠습니다.', '물 좀 주세요.', '아침, 점심, 저녁 식사' 등을 열심히 가르쳐 주었다. 대만 가이드와 다르게 방콕 가이드는 안내도 잘하고 친절했다. "남동생 같은 인상 좋은 가이드가 예쁜 짓을 하네." 하는 최 여사의 말에 친구들이 까르르 웃었다.

    방콕은 국민의 90퍼센트가 불교 신자라 사회 문화 교육에 불교의 영향이 크다. 국왕까지도 일생에 최소 삼 개월은 절에 들어가 탁발승이 되어야 한다. 절은 삼백 개가 넘었는데, 관광객이 방문할 수 있는 절은 일부에 지나지 않으며 절에는 고승의 무덤(헤디)이 있었다. 방콕 사람들은 천지신명의 도움을 청하고자 소원을 비는 것을 생활로 삼고 있었다. 가는 곳마다 탑이 많았고 탑 주위에는 그들의 정성이 옹기종기 모여 있었다. 옛날부터 사람은 자연을 두려워했다. 어느 종교인이건 가족을 위해 정성껏 빌어 왔을 것이다.

    우리는 새벽의 사원이라고도 하는 왓아룬, 왓 포 등을 구경하고 딸랏남 수상시장으로 향했다. 방콕의 남서쪽에 있는 클롱운하시장에선 상인들이 작은 배에 농작물, 채소, 과일, 잡화 등을 놓고 팔고 있었다. 이런 운하가 총 1,600킬로미터쯤 됐다. 시장은 새벽에 시작해서 오전 열 시면 끝난다고 했다. 물은 더러워 보였는데 사람들은 거기에 흔들리는 배를 띄워 놓고 살고 있었다. 물에서 목욕하는 사람, 빨래하는 사람들을 보고 친구들이 웃어 댔다. 나는 사람 사는 것은 나라마다 다르다고 생각했다. 가이드는 방콕시에서 수상생활을 하는 사람들에게 육지에 집을 지어 줘도 대부분 다시 물 위의 집으로 돌아와 산다고 설명했다. 찌는 듯한 날씨에 선상족은 물 위에서 하루를 시작한다. 흔들거리는 배로 된 집 위에서 내일을 꿈꾸는 사람들은 그곳을 마다하지 않고 살아왔으리라. 그들은 자연과 더불어 흔들리는 낭만 속에서 살아가고 있었다.

   마지막 일정으로 향한 팟타야 산호섬은 방콕에서 버스로 2시간 걸리는 곳이었다. 버스에서 내려 통통배를 타고 섬으로 이동하는데 파도 때문에 요동이 심했다. 팟타야는 산호가 많아 산호섬이라 하고, 방콕 정부에서 산호 보호 단속을 강하게 하고 있었다. 해변에 있는 고운 모래는 조개껍데기 모래라고 했다. 우리는 수영복을 입고 두 시간을 놀았다. 방콕에서는 가이드가 실력 있는 분이라 좋은 설명을 많이 받아 적을 수 있어서 좋았다.

하와이

   1989년, 홍콩과 대만, 방콕을 다녀오고 삼 년 만에 하와이 관광을 떠났다. 이때는 서울과 대구에서도 관광팀이 합류했다. 하와이의 수도 호놀룰루주 청사

뒤쪽에는 고무나무와 보리수나무가 웅장하고 특이한 형태로 뿌리를 뻗고 있어 해묵은 노목의 정취를 느낄 수 있었다. 와이키키 해변을 끼고 돌아가면 원두막이 있고 한국인이 자리 잡은 액세서리나 옷 가게가 있었다.

    태평양의 파도가 밀려와 부서지는 와이키키 해변에서는 여러 나라 젊은이들이 파도타기를 하고 있었다. 그러나 이곳은 눈물의 바다다. 호놀룰루에서 조금 떨어진 진주만은 제2차 세계대전 당시 일본의 폭격이 있었던 곳이기 때문이다. 나는 잠깐 묵념했다. 침몰한 전함 중 애리조나호는 인양되지 않은 채 바다 밑에 남겨졌다. 수면 위의 너울은 원혼들의 오열처럼 보였다. 녹슨 전함에서는 파도가 부딪힐 때마다 동전 모양의 기름이 한 방울씩 떠올랐다. 그 위 갑판에는 전쟁기념관과 펄릿지 쇼핑센터가 공존하고 있었다.

    우리는 호놀룰루 펀치볼과 다이아몬드 헤드를 구경하고 민속촌에 도착했다. 민속촌에 들어서자 거기 있던 사람들이 한국인 관광객이 왔다며 아리랑을 불러 줬다. 하와이, 사모아, 타이티 등 여러 부족이 자기 구역을 보존하면서 관광객을 위한 상품을 만들어 팔았다. 즐겁게 구경하고 있는데 가이드가 관광 스케줄에 없는 힐로 섬을 구경하자고 했다. 180불을 추가로 내야 했지만 가이드 의견을 따르기로 했다. 한 시간 가량 비행기를 타고 버스로 이동하자 광활한 분화구가 보였다. 아지랑이가 아른거리는,

이경남

언제 폭발할지 모르는 활화산에는 자연의 무서운 힘이 도사리고 있는 듯했다.

　힐로 섬을 마지막으로 우리 일행은 한국으로, 백 여사는 언니와 LA에 간다고 했다. 나는 현지 가이드에게 친구가 초행이니 게이트 입구까지 안내해 주십사 부탁했다. 우리 일행은 한 시간 후 한국행 비행기에 탑승했다. 대구 팀 사람들은 미리 가져온 멀미용 미역귀를 자기들끼리만 나누어 먹고 있었다. 여행 중 내가 가지고 간 반찬은 함께 나눠 먹었는데, 그 일을 잊은 듯한 사람들의 박한 인정이 못내 안타까웠다.

일본 하코네

　1990년 5월, 일본에 사는 친구에게서 전화가 왔다. 광양 친구 서너 명만 데리고 놀러 오라고 했다. 백 여사, 최 여사는 사정이 있어 합류하지 못해서 나는 순천 친구 정 여사와 셋이서 가기로 했다. 일본에 도착해 택시를 타고 친구 집에 도착했다. 계단을 올라가는데 반찬 가방이 무거워서 힘들었다. 나는 이번 여행에도 각종 김치와 장아찌, 무침 등의 반찬을 큰 가방에 담아 갔다. 친구 남편은 우리에게 가이드를 추천해 주면서 "어이 저 사람들 원족(소풍) 간다네 구경 잘 시켜드리소." 하며 광양

사투리로 말했다. 우리 네 명은 까르르 웃어댔다. 몇십 년이 흘러도 고향 사투리 말은 쉽게 나온다. 나는 친구에게 남편을 잘 만났다고 했다. 추천받은 가이드 사조상은 꼭 남동생 같은 느낌이었다.

 우리는 관광을 하러 하코네로 출발했다. 하코네는 화산 분화구 아시코노와 온천으로 유명한 곳이었다. 이 산 저 산에서 지열이 솟아오르는 게 보였다. 거기에 나무가 자라고 꽃이 피어 있어 신기했다. 롯뎀부루에서 온천욕을 하는데 바위 사이로 뜨거운 물이 솟아오르는 것이 사람 손을 타지 않은 자연 그대로의 모습 같았다. 온천욕을 하는 일본 여자들의 조용한 모습이 보기 좋았다.

 관광을 마치고 친구 집으로 돌아오자 늦은 시간이었다. 친구가 스시를 주문해 주었다. 대형 접시에 여러 가지가 담겨 나왔는데 가격은 한국 돈으로 10만 원이었다. 여러 가지 스시를 맛보고 새벽 두 시가 되도록 깨어 있던 중, 정 여사가 갑자기 내 배 위에 올라타더니 잠이 온다고 하여 얼마나 웃었는지 모른다. 천진난만한 정 여사의 장난이 아름다운 추억으로 남았다.

 다음 날엔 후지산을 보러 갔다. 도착하니 후지산은 아직 눈이 녹지 않은 상태였다. 눈이 9월쯤에 녹는 곳이라 추워서 잠바나 스웨터를 입어야 했다. 우리는 눈 위를 조심스레 걸으며 선명하게 펼쳐진 후지산을 보고 감탄했다. 일본에 거주하는 친구도 후지산 정상을 보려고 일 년에

© 김수빈

한 번씩 삼 년이나 남편과 다녔지만, 날씨가 좋지 않아서 후지산 정상을 보지 못했다며 우리가 날씨 덕을 봤다고 했다.

일본 관광을 마무리하며 나는 도쿄의 아키하바라 등 번화한 거리에 서서 앞서가는 창조력에 감탄했다. 1년이면 천여 번 흔들리는 땅, 원폭이 떨어졌던 땅, 그 위에서 미래를 가꾸기 위해 조용히 일어선 사람들, 불행을 잊기 위해 부지런히 움직이는 그들. 친구가 사는 건물 사장님도 아침이면 부지런히 계단 청소를 했다. 꺼지지 않은 전등불처럼 그들의 움직임엔 어둠을 몰아내려는 근면이 있었다.

중국 음식 전수

1992년, 중국 길림성에 사는 조선족 박 여사가 중국 음식과 한국 음식을 겸한 식당을 하게 됐다면서 한국 음식을 알려 달라고 부탁해 왔다. 박 여사는 나에게 큰언니 같은 분이라 거절할 수 없었다. 나는 진녀 라이온스 재무직에 있었기에 안 회장님의 도움으로 한국 음식 전수를 라이온스 클럽에서 추진할 수 있었다. 당시 중국 장춘 중심부에 식당이 있었는데, 식당이 증축 중이라 우리는 그 옆 건물을 임시로 빌려 썼다. 나는 그곳에서 불고기와

갈비, 김밥, 북어찜, 매운탕, 육개장, 닭개장, 된장 시래기국, 두부찜 등등 매일 메뉴를 바꿔 가며 가르쳤다.

러시아

   1993년 7월 1일에는 러시아 여행을 가게 됐다. 전국적으로 새문화 클럽 회원 중 450명을 선착순으로 모집하여 비행기를 전세 내서 가는 여행이었다. 가이드가 러시아는 쌀쌀한 봄날이라 잠바나 스웨터를 준비하라고 했다. 물은 석회질이 많아 사 먹어야 하며 호텔에 비누 치약이 없으니 각자 준비해야 했다. 나는 밑반찬을 비닐 팩에 한 번 먹을 만큼 담아 여러 개 준비했다. 나 혼자 먹을 수는 없으니 일회용 커피와 호박죽도 넉넉히 준비했다.
   첫 번째 행선지는 크렘린이었다. 붉은 광장 주위에 크렘린 담이 우뚝 솟아 있었다. 바로 옆에는 성 바실리 사원이 있었다. 독특한 색채와 양파형의 돔 아홉 개가 있었는데 매우 환상적이었다. 성 바실리 사원을 설계한 사람은 포스토닉, 바르마 두 사람으로 추정되는데, 너무나 아름다운 건축물을 지어 이반 대제가 다른 건축물을 짓지 못하도록 두 사람의 눈을 뽑아 버렸다는 얘기가 전해진다.
   러시아에는 레닌과 관련된 관광지가 많았다. 레닌의 묘 앞에는 두 사람의 위병이 지키고 있었는데 비가 오거나 습하면 문을 열지 않는다고 했다. 위병들은 혹독한 추위에도 시선 하나 의식하지 않고 똑바로 서 있었다. 점심은 한국인이 하는 식당에서 먹기 위해 차로 사십 분을 달려갔다. 곰탕, 육개장, 비빔밥 등 모든 메뉴의 재료를 한국에서 공수하며 한국식으로 조리한다고 했다. 우리 일행은 이동 시간이 오래 걸려도 점심과 저녁까지 한국식당에서 먹었다.

고르게 공원을 구경하고 아르바트 거리를 지나 거대한 종(차르 대종)을 보러 갔다. 이반 마르틴과 미하일 부자의 작품인데 높이가 6미터나 되고 중량은 200톤인, 18세기 주조 기술을 결집해 만든 세계에서 가장 큰 종이라고 했다. 그런데 종의 일부가 파손되어 있었다. 가이드의 얘기를 들어 보니, 종을 주조하던 중 불이 났고 누군가 종에 물을 부어 일부가 떨어져 나갔다고 했다. 그 조각만 11톤이었다고. 나는 친구들과 종 앞에서 기념사진을 남겼다.

밤 열 시에 우리는 레닌그라드로 가기 위해 가로등 하나 없는 캄캄한 기차역에 도착했다. 기차가 도착하고 2인용 침대에 네 명이 들어갔다. 침대는 긴 나무 의자에 가까운 것이었다. 그 위에 놓아야 할 가방과 짐이 많아 불편했다. 동이 트자 복도에 나와서 국민체조를 하는 사람이 많았다. 콧노래 부르는 사람도 있었다. 1호실에는 여객 주임이

러시아 거대한 종의 왕

있고 우리 일행 네 명은 2호실에 있었다. 1호실 여객 주임이 도레미 송을 부르길래 나도 가사는 제대로 모르지만 흥얼거리며 따라 불렀다. 그랬더니 자기가 부르는 노래를 부른다며 깜짝 놀라 달려와 내 볼에다 뽀뽀를 하는 것이다. 놀라서 나도 모르게 "염병허네 문뎅이 자식이." 하니까 주위에 있던 우리 회원이 까르르 웃어 댔다.

우리는 레닌그라드에 도착해 관광을 시작했다. 먼저 여름 궁전에 있는 정원을 구경하러 갔다. 정원의 넓이는 12헥타르나 됐다. 자작나무 사이에서 풍기는 향긋한 꽃향기로 궁전 전체가 꽃 속에 파묻힌 것 같았다. 연중 가장 아름다울 때는 여름철인데, 등나무로 아치를 만들어 가든파티도 연다고 했다. 궁전 뜰에는 예순네 개의 크고 작은 분수가 있고 불란서 고풍의 조각 작품도 분수마다 배치되어 있었다. 18세기의 유명한 정원 설계사와 건축가들에 의해 가로수 길도 잘 만들어져 있었다. 사람이 지나갈 때마다 분수에서 물이 뿜어져 나왔다. 연못은 대리석으로 둘러싸여 있으며 궁전 전체에 조각상이 이백오십 개나 있었다.

겨울 궁전이라고 불리는 에르미타주는 현재 국립 미술관이며 역대 황제의 거처였다. 네 개의 건물이 복도로 연결돼 있었다. 천오십 개의 전시실에 소장된 호화 조각 등은 이백오십만 점에 이르렀다. 건물 위에 장식된 조각상도 백칠십육 개나 된다. 로마노프 왕조의 권력과 화려한 생활을 엿볼 수 있었다. 에르미타주의 소장품은 표토르 대제의 딸 엘리자베타 페트로브나 여제가 수집하기 시작한 것이었다. 그곳엔 소련, 이집트, 그리스, 로마, 중국, 비잔틴 등 세계의 고대 유물과 예술품이 전시돼 있는데, 가장 볼만한 것은 서구 미술 컬렉션이었다. 가이드 말로는, 전시되어 있는 작품을 한 점당 일 분씩 본다고 해도 다 보려면 약 오 년이 걸릴 것이라 했다.

  러시아인들의 표정이 없는 모습은 진정 자유가 그리워서인가. 철의 장막에 갇혀 살다가 경제가 몰락했기 때문인가. 그 넓은 땅, 비어 있는 땅, 산도 언덕도 없는 공허한 토지. 서로 그곳을 차지하려고 아우성치던 옛날이 있었다. 역사는 이제 숨을 죽인 채 고요 속에 잠들어 있다. 빛바랜 역사의 어둠이 그림 한 장 한 장에 실려 오면서 새문화 클럽의 관광에 여운을 남겼다.

뉴질랜드, 호주

  1994년 9월 24일, 뉴질랜드 호주로 여행을 떠났다. 뉴질랜드에 도착하자 가을바람이 옷깃을 스쳤다. 뉴질랜드는 전 국토의 30퍼센트가 자연 보호 구역으로 지정돼, 길 양쪽에 펼쳐진 넓고 푸른 목초지에서 소, 말, 양이 풀을 뜯는 모습을 볼 수 있었다. 비가 내리다 금세 그치고 햇빛이 반짝이기를 반복해서 우산이 필요 없었다. 보슬비가 내리자 한가로운 양들은 자연과 더불어 목욕했다. 코발트빛 하늘가에 꽃잎이 펄럭이고 머지않아 따스한 태양이 드리웠다.

첫 번째로 본 로터루아는 호수가 산재한 휴양 온천이었다. 1878년에 발견된 곳으로 풍부한 미네랄과 게르마늄이 섞여 있어 신경통 류머티즘에 효험이 있다고 한다. 그곳엔 카바이트 산물 같은 진흙탕이 끊임없이 끓어오르고 있었다. 버스 기사님의 배려로 우리는 길가 노천 온천에 발을 담그고 잠깐 쉬었다. 고속도로를 지나 도착한 가정집 같은 식당에서 스테이크를 구워 먹었다. 식당 메뉴에 순창 고추장이 있어 한국인이 많이 온다는 것을 느꼈다. 내가 고추장볶음을 해 간 것을 생각하니 웃음이 나왔다. 파는 물건은 방부제를 첨가하니 내가 만든 것이 더 나을 것이라고 생각했다.

뉴질랜드 관광을 마치고 호주 브리스베인으로 이동했다. 노브 호텔에 짐을 풀고 잠들었다가 일찍 일어나 정 여사와 해변 모래사장을 거닐었다. 정 여사가 밀려오는 해파리를 만졌는데 손바닥에 찌걱찌걱 붙어서 씻느라 고생했다.

나는 최 여사의 부탁으로 호주에서 유학 중인 손자에게 옷을 전해 주기 위해 호텔에서 전화를 걸었다. 우리는 오페라 하우스 선상 입구에서 만나기로 했다. 선상에서 중식 뷔페를 먹게 돼 있어 같이 점심을 먹으려고 했는데 바빠서 물건만 받아 간다고 했다. 나는 따로 가져간 밑반찬과 가방을 같이 챙겨 주었다. 손주는 할머니와 손가락 모양까지 닮아 있었다. 선상 뷔페는 오페라 하우스 하버브릿지가 시야에 들어오는 곳이었다. 유람선에서 뷔페를 먹는데 싱싱한 해물이 많아 맛있게 먹었다. 선상에서 본 해파리 떼들이 뭉게구름처럼 무리를 지어 다니는 것이 보였다.

    점심을 먹고 나서는 본다이 해변에 갔다. 그곳은 영화 <빠삐용> 촬영 장소였다. 영화를 감명 깊게 봐서 그런지, 멀리서 본다이 해변을 바라보자 영화를 봤을 때의 기억이 되살아났다. 그다음은 야생동물원에 갔다. 캥거루가 새끼를 출산해 암컷의 복부 주머니 속에서 양육하는 모습이 신기했다.

    슈브리지 트랙은 다듬어지지 않은 숲이었다. 나무뿌리가 문어발처럼 뻗어 큰 돌을 감싸 안고, 핑크 마운틴 베리가 열매를 맺고 향기를 내뿜었다. 봄날 같은 햇빛이 찬란하게 빛났다. 녹색 잎이 진한 나무는 꽃이 더욱 아름다웠다. 벼랑의 이곳저곳에서 수줍은 듯 얼굴을 내미는 꽃봉오리들은 일주일만 지나면 만개한다고 했다. 그런데 그날 산 중턱에서 산불이 났다. 구경을 못 하고 돌아가는가 싶어 걱정됐다. 다행히 헬리콥터가 동원되어 산불은 곧 꺼졌다. 우리 일행은 무사히 행선지에 도착했다. 용암으로 형성된 봉우리들이 여기저기 솟아 있고 계곡에는 양치식물이 무성하게 자라 있었다. 날아다니는 새는 보이지 않고 뚜벅뚜벅 걸어 다니는 새들만 보였다. 이곳에 있는 새들은 날지 않으며 걸어 다닌다고 가이드가 설명했다. 자연을 노래하는 원색의 아름다운 새들이 보였고 맑은 하늘의 구름은 그림을 그리며 흘러가고 있었다.

이탈리아 로마, 나폴리

1997년 4월 2일부터 9박 10일간 로마에서 시작하는 유럽 여행을 가게 되었다. 친구 아홉 명과 이 여사의 성당교우 여섯 명이 합류했다. 여행사는 두 달 전부터 물색해 골랐다. 여행 전날에는 찰밥을 쪄서 담고 밑반찬을 챙겼다. 친구 윤 여사가 왜 혼자서 이렇게 준비하느냐며, 친구들에게도 반찬을 한 가지씩 해 오게 하자고 했다. 나는 '돈이 생긴다고 이런 짓을 하겠니?'하고 대꾸했다. 내 성격이 그런 것이라 어쩔 수 없었다. 그런데 이번에는 친구들도 밑반찬을 준비해 왔다. 윤 여사는 북어포를 가져오고 김 여사는 대구포, 오구락지를 챙겼다. 백 여사와 최 여사는 고추장볶음을 가져왔다. 나는 친구들에게 마음속으로 고마워했다.

취리히 크로텐 공항에서 우리는 김상현 가이드를 만났다. 관광 인원은 우리 팀 열다섯 명에 다른 팀 열다섯 명이 합류해서 총 서른 명이었다. 사전에 다른 팀이 합류한다는 말을 전해 듣지 못해 당황스러웠다. 가이드는 관광 회원이 적으면 여행사끼리 조인하여 합류한다면서, 숫자가 많은 여행사에서 가이드를 맡는다고 설명했다. 저녁은 공항에서 가까운 유럽 정통 식당에서 먹었다. 우리 팀 열다섯 명에 다른 팀 아홉 명까지 합류해서 밑반찬을 다 같이 나눠 먹었다. 노부부, 자매, 친구끼리 온 사람들도 있었고 혼자 온 사람도 있었다. 나와 윤 여사는 포항에서 오셨다는 노부부 어르신께 정성껏 반찬을 대접했다. 사람 숫자가 많아졌으니 반찬이 다 떨어지면 현지 음식에 적응하기로 했다. 우리 일행만 먹을 수는 없었다.

    저녁을 먹고 호텔로 가기 위해 버스에 올랐는데 머리를 파마한 분이 "내일부터 제가 가이드를 합니다. 여정원입니다."하고 인사를 했다. 김상현 가이드는 공항에서 식당까지 가는 한 시간 봉사료 20불을 우리에게 지불하라고 했다. 이런 식이면 가이드값이 많이 지출되는데 걱정이었다.

    로마 시내에 있는 건물은 대부분 이백 년 된 건물이었지만 견고하고 깨끗했다. 제2차 세계대전을 겪지 않았기 때문에 손상이 없었고 넓이 제한이나 고도 제한으로 형태가 비슷한 집들이 많았다. 궁전과 성당은 대리석으로 지어져 있었고 포도주 공장이 많이 보였다. 일정을 마치고 우리는 가이드값 문제로 세나토 호텔

로비에 모였다. 서른 명 중의 스물네 명은 돈을 거두어 공동으로 지출하는 것으로 타협이 됐는데 부천에서 온 보험회사팀 여섯 명은 그때마다 따로 계산한다고 했다. 화장실 값, 물 값, 가이드 값을 따로 계산하려면 복잡한데, 의견이 맞지 않는 사람들이 합류해 조금 신경 쓰였다.

우리는 버스로 두 시간 반을 달려 나폴리로 향했다. 나폴리 항 부근에 도착해 점심으로 스파게티를 먹는데 짜서 먹을 수가 없었다. 물을 부어 밑반찬으로 배추김치를 꺼내 먹는데 알맞게 삭아서 맛있었다. 나는 이 맛에 항상 반찬을 가지고 다녔다. 회갑 맞은 부부가 우리 반찬을 나눠 주어 고맙다며 스물네 명에게 피자를 샀다. 화덕에서 구워 낸 피자는 야채와 다른 부재료가 적었지만 담백하고 구수한 맛이었다.

점심을 먹고 오드리 헵번과 그레고리 펙이 출연한 영화, <로마의 휴일>에 나와 유명해진 진실의 입을 보러 갔다. 오백 킬로그램 무게의 둥근 원형 돌상의 입에는 구멍이 나 있는데 죄를 지은 사람이 손을 넣으면 손이 잘린다는 전설이 있다. 그러나 전설과는 달리 손목을 자르는 장치 등이 돌상 안에 있었다고 했다.

트레비 분수는 로마의 아름다움을 대표하는 가장 환상적인 분수였다. 너비 약 50미터, 높이 26미터의 분수에는 반인반수 트리톤이 몰고 있는 전차와 그 위에 올라타고 있는 대양의 신 오케아노스의 조각상이 세워져

있었다. 관람객들은 분수 밑에 동전을 던지면서 소원을
빌었는데, 가이드는 동전을 던지는 행위엔 다시 로마에
오게 된다는 뜻이 있다고 설명했다.

스위스

　로마에서 스위스로 이동하고 찾아간 첫 번째 관광지는
융프라우였다. 일본인이 십육 년에 걸쳐 공사를 했다는
얼음 동굴에는 얼음 조각, 얼음 동상 등 볼거리가 많았다.
우리 일행은 오리털 잠바를 입었는데도 추워서 덜덜 떨며
구경했다. 박 여사는 여행사에서 겨울용 겉옷을 가져오라고
사전에 공지했는데 현지에서 사서 입는다며 여름옷 단벌로
왔다. 그러나 옷을 사는 게 쉽지 않아 계속 추워했다.
결국 룸메이트인 김 여사가 스웨터를 빌려주고 나는 등산
조끼를 빌려줬다. 우리는 요호역에 내려 만년설로 덮인
알프스의 장엄한 모습을 구경했다.
　쉬니케 고지는 베른 지역에서 명소로 손꼽히는
지역으로, 멸종 위기에 있는 오백여 종의 식물들이 보호
육성되는 알프스의 큰 정원을 볼 수 있는 곳이다. 알프스의
자연공원에서 케이블카를 타는 관광객의 모습은 동화
『하이디』에 나오는 장면 같았다. 우리는 독일의 시인
요한 볼프강 괴테가 알프스의 봉우리를 보고 그 영감과

이경남

ⓒ 김수빈

위력에 눌려 자신도 모르게 모자를 정중히 벗고 절을 했다는 이야기를 들었다. 스위스의 관광 수입은 일 년에 약 380억 불로, 자연을 사랑하는 이 나라 국민들이 35년에 걸쳐 알프스를 다듬고 가꾼 결과였다. 융프라우에 가는 길 주변은 자연이 훼손될 것을 우려하여 5층 이상 건물의 건설 허가가 나지 않는다고 했다. 그래서인지 스위스는 어디를 가도 한 폭의 그림 같았다.

프랑스

스위스에서의 일정을 마무리하고 프랑스 파리에 도착하자 현지 가이드가 와서 인사를 했다. 자신을 한영오라고 소개한 가이드는 아침 인사인 '봉쥬르'와 저녁 인사인 '봉스와'를 가르쳐 줬다. 프랑스는 세계에서 언어가 가장 많이 발달한 나라라고 했는데 말이 또글또글 굴러다니는 것 같았다. 또 세계 사람들이 파리를 문화 예술의 선두이자 유럽의 수도로 여길 만큼 매력적인 나라였다. 파리만 보고 유럽을 보았다고 하는 것은 과장된 말이 아니었다.

처음 보러 간 곳은 콩코드 광장으로, 프랑스 혁명 때 단두대가 설치되어 1,343명이 목숨을 잃은 역사적인 장소였다. 루이 16세는 여기서 마리 앙투아네트와 결혼식을 올렸는데 같은 자리에서 처형당했다고 한다. 우리는 점심으로 프랑스 정통 요리인 달팽이 요리 에스카르고와 송아지 스테이크를 먹었다. 분위기 있는 식당이었다. 가이드가 '감사합니다.'는 '메르시보꾸.'라고 가르쳐 주었는데 윤 여사가 잘못 듣고는 멸치 볶아 오라고 해서 얼마나 웃었는지 모른다.

저녁에는 호화 유람선을 타고 에펠탑을 구경하기로 했는데 일인당 70불이며 한 명이 빠지면 10불이 추가된다고 했다. 박 여사가 자기는 감기에 걸려서 구경하기 싫다고 했지만, 친구들이 설득해 같이 구경할 수 있었다. 한밤에 유람선을 타고 보는 에펠탑은 파리의 상징답게 호화찬란했다. 아침이나 해지기 한 시간 전에 가장 잘 보인다고 했다. 밤에는 조명을 받아 빛나는 모습에서 또 다른 아름다움을 느낄 수 있었다.

유럽에서는 화장실도 돈을 내고 이용해야 해서 생긴 에피소드도 있었다. 관광 도중 윤 여사가 화장실에 가야 하니 동전을 달라고 했다. 내가 2프랑 동전을 찾고 있는데 백 여사, 최 여사도 동전을 달라고 했다. 그런데 4프랑밖에 없었다. 동전이 모자란다고 했더니 윤 여사가 화장실 지킴이에게 "마이프랜드 쓰리맨!"하고 손짓하며 4프랑으로 세 명이 들어가게 해 달라고 했다. 그러자 정문으로 들어가지 말고 개구멍 밑으로 들어가라고 했다. 세 명이 화장실에서 나오는데 최 여사는 개구멍 밑으로 나와서 정말 웃겼다.

런던

　루브르 박물관과 베르사유 궁전을 구경하고, 우리는 파리에서 유로스타를 타고 런던으로 이동했다. 김동수 가이드의 안내를 받으며 템스 강변을 따라 웨스트민스터 사원으로 갔다. 2천 년의 역사를 지닌 수도 런던은 고대 로마인이 터를 잡은 곳이다. 템스강이 서남쪽에서 동북으로 비스듬히 가로질러 가는데 동쪽이 서민적인 이스트엔드, 서쪽은 화려하고 귀족적인 웨스트엔드라고 했다. 영국은 세계적으로 영향력이 큰 나라로, 대영제국에 해가 지는 날이 없다고 할 만큼 한때 막대한 세력을 펼쳤으나 이제는 조용히 해가 지는 나라였다.
　웨스트민스터 사원은 역대 왕의 대관식이 열렸던 곳이었다. 에드워드 왕이 세운 교회가 이 사원의 시작이었고 지하에는 위인들의 묘가 있었다. 예배당에는 스테인드글라스가 있었는데 대부분의 관광객은 대충 보고 지나갔다. 에딘버러 궁 옆의 빨간 아스팔트 길은 버스만 통행을 허가받아야 했다. 기사님이 허가증을 받아 와서 우리도 통과할 수 있었다. 버킹엄 궁전의 내부는 공개되지 않았는데 다른 나라 궁전에 비해 외관은 화려해 보이지 않았다. 여왕이 사는 곳이라 여왕이 궁전에 있는지 없는지는 중앙에 있는 깃발을 보고 확인한다고 했다.

런던탑과 대영 박물관을 구경한 뒤 우리는 유명한 버버리 제품만 팔고 있는 점포에 도착했다. 일행 서른 명이 너도나도 물건 고르느라 정신이 없었다. 추워서 떨고 다니던 박 여사도 점퍼를 사서 입었다.

인터내셔널 호텔에 투숙하기 위해 호텔 로비에 앉아 있는데 포항 어르신이 일행에게 맥주와 주스 30잔을 사 주셔서 감사히 먹었다. 할아버님이 윤 여사와 나에게 반찬을 챙겨 줘서 잘 먹었다며 고맙다고 하셨다.

벨기에

다음 날 벨기에로 향하는 쾌속선을 타기 위해 아침 6시에 출발했다. 조식도 먹지 못하고 호텔에서 주는 빵, 주스로 허기를 달랬다. 김동수 가이드가 아침으로 김밥이 든 일회용 도시락을 나눠 주었다. 항만에 도착해 한 시간을 기다리다 쾌속선을 타고 열두 시 반에 오스턴 항에 도착했다. 다른 관광단은 모두 출발하는데 우리 일행만 버스가 오지 않아 계속 기다렸다. 가이드인 미쓰리가 초행이라 모든 것이 서툴렀다. 관광할 때는 이름 있는 회사, 노련한 가이드를 선택해야 하는데, 친구 장 여사 친척이라

말도 못 하고 마음만 급해졌다. 한 시간을 기다리다 오후 한 시 반이 되자 네덜란드 기사분이 와서 한국 하나클럽이냐고 물었다. 기사님은 새벽 다섯 시 반에 출발해서 네 시간을 기다렸다고 했다. 뭔가 잘못된 것이었다.

　상황을 알아보니 영국 가이드가 다른 팀 관광 가이드를 맡기 위해 시간을 맞추느라 이곳엔 벨기에 현지 가이드 없이 버스 기사만 보낸 것 같았다. 버스를 타고 브뤼셀로 이동해 오줌싸개 동상을 구경해야 하는데 가이드는 없고 답답했다. 나는 버스 기사 핸드폰을 빌려 벨기에 여행사에 전화했지만, 본인들은 연락받은 일이 없다고 했다. 영국 가이드는 전화를 받지 않았다. 일이 꼬인 것이었다. 기사님은 핸드폰을 세 번 썼으니 9불을 내라고 했다. 우리는 버스를 타고 오후 일곱 시가 되어서야 독일에 도착했다. 오전 여섯 시에 출발했는데 벨기에 구경은 하나도 못 했다. 서울로 돌아가면 하나클럽에 항의해야겠다고 다짐했다.

독일

　독일에 도착해서 이희용 가이드의 인사를 받고 관광을 시작했다. 첫 번째 관광지인 쾰른 대성당은 도시 가운데 자리 잡고 있어 어디서나 잘 보였다. 독일 최초의 고딕

양식 건물이며 독일 가톨릭의 총본산인 곳이었다. 높이 치솟은 고린트식의 철탑이 유명했다. 영화 <노틀담의 꼽추>를 촬영한 곳이었는데 영화로 보다가 실물로 보니 더 웅장했다.

성당을 구경하고 나와 우리는 호텔로 향했다. 그런데 예약했던 호텔이 세계적인 보석 행사로 취소되어 변두리에 있는 호텔로 가게 되었다. 그 호텔은 지은 지 80년 된 곳으로, 현 주인의 조부모님 때부터 경영한 곳이었다. 현관에는 조부님 초상화가 걸려 있었다. 실내는 크고 깨끗했다. 종일 버스만 타서 짜증이 난 상태였는데 창밖으로 시야가 훤히 내려다보이자 마음이 풀리는 것 같았다. 숙면으로 피로를 달랜 뒤 주위를 돌아보니 라인강변에 자리 잡은 전망 좋은 호텔이었다.

조식을 먹고 라인강변에 있는 마인츠 탑을 보러 갔다. 이 탑은 쥐의 탑이라고도 불리는 곳이었다. 전설에 따르면 한 대주교가 곡식을 달라고 청하는 농민들에게 곡물 창고 문을 열어 들어가라고 했는데, 농민들이 모두 들어가자 문을 잠근 뒤 불을 질렀고 죽은 자들이 쥐가 되어 대주교를 뜯어 먹었다고 한다.

다음으로 보러 간 곳은 괴테의 생가였다. 그의 집은 오래된 목조 건물이었다. 계단이며 거실 마루를 걸어가는데 삐걱삐걱 소리가 났다. 우리는 괴테의 친필 원고와 초상화, 서류, 집기류 등 여러 가지를 구경했다. 이 집은 제2차

ⓒ 김수빈

세계대전 때 일부 파괴됐는데 아주 세밀하게 주의를 기울여 정성으로 복구했다고 한다.

  북쪽 언덕에 있는 산책로는 한 시간 정도 걸을 수 있는 거리로 헤겔, 야스퍼스 등의 철학자들이 사색하면서 걸었던 곳이라 '철학자의 거리'라는 이름으로 불리고 있었다. 전통학사주점, 카알스토어와 헤라클레스 분수대를 구경하고 나오는 길에 아이스크림을 사서 일행들과 같이 먹었다. 돈을 여유 있게 걷어 두어서 먹고 싶은 것을 사 먹고 과일도 사 먹었다. 여행 중에는 입도 즐거워야 한다.

  식사는 한국인이 하는 한식당의 육개장이었다. 한국 음식을 먹으니 속이 시원했다. 사장님이 특별 서비스라면서 포도주도 주셨다. 마지막 밤에 우리는 '에덴바하 아라빌라 벗싱팔레' 4성급 호텔에서 투숙했다. 다음 날 유럽에서 가장 크다는 프랑크푸르트 국제공항에서 출발해 취리히 크로텐 공항에 도착했다. 거기서 아시아나항공 편으로 갈아타고 서울에 도착할 수 있었다. 아무 일 없이 돌아오게 되어 감사했다. 친구 최 여사는 내가 가지고 간 반찬을 잘 먹었다며 동창곗날 예쁜 브로치를 선물해 주었다.

마무리하며

  나는 이후로도 친구들, 가족들과 여행을 다녔다. 국내는 물론 중국과 일본에도 갔다. 봉사활동도 계속했고 우리 음식 연구회를 다니며 강의도 했다. 요리책도 한 권 출간했는데 나만의 레시피와 어머니의 레시피, 텔레비전 프로그램에서 소개해 주는 레시피를 나누어 담았다. 그러나 맞춤법이나 계량 등에서 잘못 표기된 부분이 많아 아쉬움이 남는다.

최근에는 수영장을 다니고 있다. 나는 밤에 잠이 오지 않으면 밥을 짓는데, 그 밥으로 누룽지로 만들어 기름에 튀기고 설탕을 뿌리면 수영장 회원들과 나누어 먹을 간식이 된다. 나는 여전히 맛있는 음식을 만들어 다른 사람들과 함께 먹는 것을 즐거움으로 살아가고 있다.

끝으로, 이 책을 쓰는 데 도움을 주신 동구청장님께 감사드린다. 여러 가지 성가신 일에도 싫은 내색 하나 없이 사랑과 인내로서 길잡이 역할을 해 주신 여러 선생님께도 감사드린다. 함께 글밭을 일군 문우들이 있어 커다란 힘이 되었다.

나는 요즘 잠 못 드는 밤이 잦다. 창문을 열고 달을 바라보면 동녘 하늘 저만치에서 이름 모를 별 무리가 파랗게 반짝인다. 새벽이 밝아온다. 나는 혼자 살면서 누군가 나를 이끄는 방향이 되어 주길 바랐다. 말 그대로 바람일 뿐이다. 나는 지혜롭게 살아가기 위해 혼자 생각하고 연구해야 했다. 인생에 대해, 옛날에 대해 즐겁게 이야기 나눌 수 있는 친구들도 있었다. 우리들의 시간이 줄어들고 있다는 냉엄한 현실도 깨닫게 된다. 그들은 다른 곳에서 인생을 살아가고 있거나 만날 수 없는 곳에 있지만, 그들을 더욱더 오래 기억하고 싶다.

글은 나를 위한 글이 아니다. 읽어 줄 사람을 위한 글이다. 옛날에 나를 가르쳐 주신 선생님께 삶과 죽음에 관한 것, 나이 들어가는 것, 죽는 것을 소중히 여기는 마음에 대해 배웠다. 그리고 살아오면서 내가 얻은 깨달음은 여행이 인생의 축소판이라는 것이다. 정처 없이 발 가는 대로 부딪치는 여행도 좋지만, 스스로 디자인하는 여행도 필요하다. 어떻게 디자인하느냐에 따라 여행이 여행에만 머물지 않고 작품이 되기도 하고 때에 따라 예술이 되기도 한다.

이경남

글쓰기 멘토 후기
조선대학교 문예창작학과

윤소현

광주에서 근현대의 역사를 몸소 겪은 사람의 일생은 자서전을 넘어 다음 세대에게 전해줘야 할 하나의 미래유산이 아닐까 생각합니다. 가치 있는 일에 함께 할 수 있어 기뻤습니다. 선생님, 건강하세요.

김정원

과거를 마주하는 것이 행복한 일만은 아니라는 걸 알고 있습니다. 자서전을 완성하신 선생님들께 긴 박수를 보냅니다. 다가올 계절에는 이번 여름에 내신 용기를 기억하며 건강하시길 웃으며, 염려하며 응원하겠습니다.

박진영

올해도 가슴에 남는 소중한 이름들을 알게 되어 감사합니다. 삶의 어떤 순간을 마주할 때마다 저는 그 순간과 관련된 이름을 다시금 떠올리게 될 것입니다. 그때마다 저는 웃기도 하고 조심하기도 하고, 조금은 슬픈 마음이 될지도 모릅니다. 하지만 그 순간들을 미리 살아가신 이야기들을 되새기며 용기를 얻을 수도 있을 것입니다. 여기에 누군가 있었고, 그 사람 또한 무사히 지나갔다, 그리고 그 순간을 이렇게 이야기로 남겼다, 하고 말입니다.

김연주

　이토록 생생한 삶의 경험을 듣는 것만으로도 소중한 경험이었는데, 앞으로도 계속 읽을 수 있는 글로 남기는 일에 함께할 수 있어 영광이었습니다. 순탄치만은 않았던 역사 속에서 때로는 힘겨우셨겠지만, 그럼에도 불구하고 아름다웠다고 말씀드리고 싶은 생의 이야기들을 나눠주셔서 감사하다는 말씀 전하고 싶습니다.

박지훈

　매주 선생님들과 대화 나눌 때마다 놀랐습니다. 저는 평소에 어르신들의 삶은 다 비슷하다고 여기며 덮어놓고 '안다'라고 생각해 왔습니다. 그렇지만 선생님들이 살아온 삶은 제가 상상할 수 없는 것이었습니다. 대화할수록, 알면 알수록 점점 더 이 사실이 명백해졌습니다.
　원체 상상할 수 없었던 이야기들을 제 손으로 다시금 간명하게 '편집'하는 게 쉽지 않았습니다. 그렇지만 독자도 저와 같은 경험을 하면 좋겠다는 마음으로 최선을 다했습니다. 시간이 지나도 그 결과물이 선생님들 마음에 들었으면 좋겠습니다.

글쓰기 멘토 후기

신윤지

선생님들의 역사를 복원하는 과정에 함께할 수 있어 영광이었습니다. 이 여름을 오래 기억하겠습니다.

진태완

선생님들의 이야기를 다듬으면서 한 사람의 인생이 어떻게 드라마가 되는 지 배우고 동행할 수 있어서 정말 즐거웠습니다. 희미해진 과거의 기억을 현재로 명확하게 살려낸 선생님들의 노력과 성실함에 깊은 감명을 받았습니다. 원고를 마감하니 선생님들의 인자한 미소가 가장 먼저 떠올랐습니다. 무더운 여름 내내 미소를 잃지 않고 응원해주셔서 정말 감사합니다.

홍지형

처음에는 제가 선생님들을 도와드린다고 생각했습니다. 하지만 선생님들의 삶이 담긴 원고들을 읽고 다듬으면서, 오히려 더 많이 받은 쪽은 저일 것이라는 생각을 하게 되었습니다. 사람은 전혀 다른 삶의 궤적과 가치관을 가진 사람과 대화할 때 시야가 넓어진다고 합니다. 평소라면 절대 상상해보지도 않을 타인, 특히나 저와 세대가 다른 어르신들의 깊이에 이렇게 가까이 다가 기회가 살면서 얼마나 있을까. 저의 세계가 넓어지는 경험이었습니다.

우리 선생님들, 만날 때마다 저에게 자기는 글을 못쓴다고 푸념하듯 말하셨지만, 그렇게 정리하고 자기 삶을 돌아보는 게 쉬운 과정이 아니라는 것을 저는 이제 다 알고 있답니다. 올 여름에 선생님들을 만났던 일이 저에게는 값진 시간이고 경험이었습니다. 선생님들도 그러하시기를.

김소은

아직 겪지 않은 시간을 가까이서 자세하게 듣는 건 쉽게 할 수 없는 경험이라고 생각합니다. 저와 함께 다사다난했던 삶을 회고하신 선생님들께서 자서전 쓰기를 통해 지난날의 상처를 치유받고 여생을 희망차게 꾸려가실 힘을 조금이나마 얻으셨기를 바랍니다.

이진호

선생님들의 글이 모여 비로소 책이 되었습니다. 한 편의 글을 완성한다는 건 누구나 할 수 있는 일이 아니므로, 선생님들께서 스스로 성취해내신 것을 마음껏 자랑스러워하셨으면 좋겠습니다. 선생님들의 삶을 담아내기에 부족한 분량이지만, 이렇게나마 쓰인 글은 선생님들의 가족이나 지인뿐만 아니라 일반 독자들에게도 값진 기록이 되리라고 저는 생각합니다. 마지막으로 선생님들께 감사의 마음을 전합니다. 부족한 시간을

할애하여 과거를 회상하고, 낯선 저에게 숨김없이 기억을
공유하고, 글짝꿍들과의 면담을 위해 금요일마다 지독한 더위를
뚫고 발걸음하신 선생님들의 노고를 잊지 않겠습니다.

박사라

2달이라는 시간 동안 선생님들의 자서전 집필을 보조하며,
다른 곳에서 접하기 어려운 생생한 민중의 기억을 보고
들었습니다. 제가 살아보지 못한 시대와 삶을 간접적으로
체험하는 귀중한 경험이었습니다. 더운 여름 끝까지 함께해주신
선생님들께 감사드립니다.

이하루

시간이라는 폭풍 한가운데 서서 작은 답들을 찾는
시간이었습니다. 사랑으로 주저앉고 고통으로도 내달리는
인간을 보았습니다. 이 이야기들이 글쓴이의 곁에서 어깨를
두드리고 등을 쓸어주는 '사람'이 되기를 바랍니다.

그리움이 사무치면 병이 되는 것처럼

초판1쇄 찍은 날	2022년 10월 24일
초판1쇄 펴낸 날	2022년 10월 26일
펴낸곳	광주광역시 동구
기획·집필 총괄	광주광역시 동구 인문도시정책과
주소	61466 광주광역시 동구 서남로 1
전화	062-608-2114
글·사진	곽주현, 오화자, 박복례, 이향연, 윤수웅, 김경수, 이태숙, 이경남
글쓰기 도움	신용목(총괄, 조선대 문예창작학과 교수)
	박지훈, 이하루, 박사라, 김정원, 윤소현, 홍지형, 김연주, 신윤지, 박진영(조선대 문예창작학과)
삽화	황중환(제작총괄, 조선대 만화애니메이션학과 교수)
	김리원, 김수빈, 이유진, 전승연, 윤석호, 이나현(조선대 만화애니메이션학과)
표지일러스트	김민재(조선대 만화애니메이션학과)
프로필사진	서경스튜디오(류서림)
만든곳	도서출판 심미안
주소	61489 광주광역시 동구 천변우로 487(학동) 2층
전화	062-651-6968
ISBN	978-89-6381-398-1 04810
	978-89-6381-397-4 (세트)

- 책값은 뒤표지에 있습니다.
- 이 책에 실린 글과 이미지는 저자와 출판사의 동의 없이 사용할 수 없습니다.
- 이 책은 2022 동구 어르신 생애출판사업 "흔들리며 피었어도 돌아보니 꽃이었고"와 연계하여 제작되었습니다.

© 곽주현 오화자 박복례 이향연 윤수웅 김경수 이태숙 이경남, 2022